AF522750

Wichtige Hinweise/Haftungsausschluss

Die im Buch veröffentlichten Kinderyogaübungen und Tipps haben sich in der Praxis erfolgreich bewährt und sind von Autorin und Verlag sorgfältig geprüft, dennoch kann eine Garantie nicht übernommen werden.

Im Zweifelsfall oder bei gesundheitlichen Problemen halten Sie bitte unbedingt Rücksprache mit einem Kinderarzt oder Orthopäden.

Die Haftung der Autorin bzw. des Verlags und seinen Beauftragten für Personen-, Sach- und Vermögensschäden sind ausgeschlossen.

1. Auflage Januar 2019

Illustrationen: Carla Wendt
Illustrationen S. 128: MidSummerDay/istock.com, S. 131: KatikaM/istock.com

www.vianaturale.de

ISBN: 978-3-9817978-3-1

Ich widme dieses Büchlein allen feinfühligen und hochsensiblen Lebewesen – den Menschenkindern, den Erwachsenen, sowie den sensiblen Hundeseelen.

Dieses Büchlein ist ein besonderes Geschenk für

....

Inhalt

Vorwort

von Prof. Dr. Margrit Schreier

Hochsensible Menschen, Kinder ebenso wie Erwachsene, haben „feinere Antennen" für ihre Umwelt und verarbeiten Eindrücke tiefer und emotional intensiver als nicht-hochsensible Menschen. Das macht sie, wie es in der Wissenschaft heißt, ganz besonders empfänglich – und zwar für die schwierigen Dinge im Leben ebenso wie für die schönen.

Zu den schwierigen Dingen gehört, dass hochsensible Menschen schneller Stress erleben: einen Zustand, in dem wir glauben, dass die Handlungsmöglichkeiten, die uns zur Verfügung stehen, nicht ausreichen, um eine Situation zu bewältigen. Es wird alles zu viel, und der hochsensible Mensch fühlt sich überstimuliert und eben ganz einfach gestresst. Dabei ist ein wenig Stress ab und zu gar nichts Schlechtes. Problematisch wird der Stress aber, wenn er über längere Zeit andauert (chronisch wird). In dem Fall ist unser Körper in einem dauerhaften Alarmzustand, und das tut uns nicht gut und kann auf Dauer sogar zu Erkrankungen beitragen.

Umso wichtiger ist es gerade für hochsensible Menschen mit ihrer höheren Stressanfälligkeit, dass sie über Möglichkeiten verfügen, den erlebten Stress „herunterzufahren" und sich zu entspannen. Das gilt für Kinder mindestens genauso wie für Erwachsene. Während immer mehr Erwachsene sich selbst als hochsensibel erkennen und Situationen der Überstimulation entsprechend einordnen können, wissen Kinder vielfach gar nicht, wie ihnen geschieht, was mit ihnen los ist und warum sie so „anders" reagieren als die meisten anderen Kinder in ihrem Umfeld.

Hier bietet das vorliegende Yoga- und Entspannungs-Buch von Sabina Pilguj eine wichtige Hilfestellung. Feinfühlig unterstützt von Amigo - dem Podenco Ibicenco, den manche Leser_innen vielleicht schon aus dem Vorgänger-Band „Ich bin wie ich bin – genial und total normal" kennen – erklärt Sabina Pilguj den kleinen wie auch den großen Leser_innen zunächst den Unterschied zwischen dem „guten" und dem „bösen" Stress, weshalb Entspannung so wichtig ist und wie die jahrhundertealte Tradition des Yoga zur Entspannung beitragen kann.

Den Kern des Buches bildet eine Vielzahl von Yoga-Übungen für Kinder, die von Sabina Pilguj über viele Jahre hinweg als Yogalehrerin für Kinder erprobt sind und sich in ihrer Praxis bewährt haben. Die Übungen sind ausführlich in kindgerechter Sprache beschrieben, so dass Kinder die Übungen unmittelbar verstehen und umsetzen können. Für die erwachsenen Leser_innen ist außerdem für jede Übung erklärt, wie sie wirkt. Alle Übungen sind zudem mit liebevollen Zeichnungen von Amigo illustriert – alleine beim Anschauen des Buchs werden viele Kinder ihre Anspannung vergessen, sich freuen und dabei ruhiger und entspannter werden. Zusätzlich zu den Yoga-Übungen bietet Sabina Pilguj im zweiten Teil des Buches weitere Möglichkeiten für Kinder an, zur Ruhe zu kommen, etwa durch eine Meditation oder das Reiben der „Glückspunkte".

Kurz: Das Buch ist eine Fundgrube für hochsensible Kinder und ihre Eltern. Die Kinder haben hier Gelegenheit zu lernen, Anzeichen von Stress und Überstimulation an sich selbst zu erkennen. Sie werden sanft an die Tradition des Yoga herangeführt und erhalten durch die Übungen eine Möglichkeit, ihre Reaktionen auf Stress und Überstimulation zu kontrollieren und Anspannung zu vermindern. Sabina Pilguj als langjährige und erfahrene Yogalehrerin für Kinder und der Podenco Amigo, der sich so gut in hochsensible Kinderseelen einfühlen kann, sind ein ideales Team, um Kinder und Eltern auf einer gemeinsamen Entdeckungsreise zu den Möglichkeiten des Yoga zu begleiten.

Auch wenn sich das Buch in erster Linie an hochsensible Kinder wendet, würde ich es nicht-hochsensiblen Kindern ebenso wie Erwachsenen genauso empfehlen. Alle Menschen, ob hochsensibel oder nicht, ob Kind oder Erwachsene/r, können nur davon profitieren, wenn sie die Anzeichen dafür erkennen, dass das „böse Stressmonster" wieder zugeschlagen hat, und wenn sie lernen, wie Yoga sie dabei unterstützen kann, seinen Fängen wieder zu entkommen.

Margrit Schreier, Bremen, Oktober 2018

Margrit Schreier ist seit 2002 Professorin für Empirische Methoden an der Jacobs University Bremen. Nach einem Studium der Englischen Literatur- und Sprachwissenschaften am New College, Oxford (B.A./M.A.) sowie der Psychologie (Dipl. Psych.) an der Universität Heidelberg promovierte sie 1996 in Heidelberg in Psychologie und habilitierte sich 2001 an der Universität zu Köln. In ihrer Forschung beschäftigt sie sich mit qualitativen Methoden, mit den Gesundheitswissenschaften und in jüngster Zeit auch mit Hochsensibilität. Sie ist außerdem in eigener Praxis als Heilpraktikerin mit Schwerpunkt in Klassischer Homöopathie tätig.

Einleitung

Dieses Buch für feinfühlige, sensible und hochsensible Kinder ist das Praxisbuch zum ebenfalls im ViaNaturale Verlag erschienenen Titel *„Ich bin wie ich bin – genial und total normal"*. Es gibt den Kids und Teens wertvolle Tipps und Tools zum Erlernen von Stressreduktions- und Entspannungsübungen.

Mir ist es sehr wichtig, sensiblen Kindern die Wirkung von Stress zu erklären und ihnen Kinderyoga vorzustellen. Aus meiner eigenen Erfahrung kann ich berichten, wie wichtig Entspannungsübungen sind. Yoga hat vielen Kindern in meinen Kursen wirklich gut getan und ist auch ein wichtiger - sehr heilsamer - Teil meines eigenen Lebens geworden. Diese Erkenntnis möchte ich mit diesem Buch an möglichst viele Kinder weitergeben.

Mein Ansatz, Kindern Yoga zu vermitteln, ist frei von spirituellen Dogmen, dennoch gebe ich kindgerechte Lebensweisheiten gerne weiter.

Ein Buch für jedes Alter

- Für jüngere Kinder ab 4 Jahren, die Yoga und Entspannung gemeinsam mit ihren Eltern üben möchten. Hier sind die Eltern gefordert, mit den Kindern altersgerecht über das Thema „Stress" zu sprechen.
- Für Kids (ab ca. 6 Jahren) und Teens, die in diesem Buch neben den praktischen Übungen auch interaktive Aufgaben zu Selbstwahrnehmung und Selbstreflexion finden.
- Und natürlich profitieren auch die Mütter und die Väter von den Übungen.

Die Kids und Teens lernen...

- was „Stress" bedeutet und wie „guter" und „böser" Stress wirken.
- wie sie bei hohem Stresslevel und Reizüberflutung wieder zu Ruhe und Entspannung kommen.
- wie sie den Alltag meistern können, ohne sich gestresst, komisch, fremd oder verloren zu fühlen.

- wie sie Achtsamkeit für ihre Gefühle und Bedürfnisse entwickeln können (Selbstfürsorge).
- wie sie die eigenen inneren Schätze entdecken, Selbstannahme und Selbstbewusstsein entfalten.
- mehr Gelassenheit und Entspannung im Leben zu erfahren und gelassener mit ihrer Gabe der Feinfühligkeit zu leben.

In dem Buch *„Ich bin wie ich bin – genial und total normal"* erzählt der Podenco Ibicenco Amigo aus seinem Leben als sensibler Hund und von den täglichen Herausforderungen und Schwierigkeiten als Feinfühler. Es ist nicht immer einfach – für Amigo nicht und auch für die hochsensiblen Kinder nicht –, wenn man mehr fühlt und intensiver wahrnimmt als andere. Manchmal fühlt man sich wie fremd in dieser Welt und unverstanden.

Amigo möchte mit seinen Erzählungen aus seinem Hundeleben Kindern Mut machen, ihren besonderen Wesenszug und die Gabe der sensiblen Wahrnehmung wertzuschätzen und sich eben total normal zu fühlen.

Mit diesem zweiten Buch unterstützt Amigo dich, zeigt Möglichkeiten und Übungen aus dem Kinderyoga zur Stressreduktion und Entspannung und gibt praktische Tipps, damit du dich in deinem Alltag wohler fühlst, denn:

„Entspannt lebt und lernt es sich leichter."

Amigo wird dir auf seine Art und Weise erklären, was Stress bedeutet und warum zu viel Stress und zu wenig Entspannung nicht gut für dein Wohlbefinden sind. Er wird dir wertvolle Tipps geben, die du jederzeit in deinem Alltag umsetzen und anwenden kannst. Und er wird dir seine und meine Lieblings-(Kinder-)Yogaübungen vorstellen.

Hast du Lust, mehr von ihm zu erfahren? Dann wünschen wir dir viel Spaß beim Lesen, denn jetzt führen Amigo und ich dich in das Thema „Stress und Entspannung" ein.

STRESS! Was ist das überhaupt?

Als dein Freund auf vier Pfoten möchte ich dir zuerst den Begriff „Stress" erklären. Du hast das Wort bestimmt schon einmal gehört, denn die Erwachsenen sprechen oftmals darüber, dass sie im Stress sind oder sich gestresst fühlen. Damit meinen sie, dass sie in Zeitnot und in Eile sind. Einige Erwachsene sagen, dass sie so viel zu tun haben, dass der Tag doppelt so viele Stunden haben müsste, damit sie annähernd alles schaffen, was sie sich jeden Tag so vornehmen. Sie sind dann von der langen To-do-Liste und den vielen täglichen Aufgaben überfordert und abends total müde und geschafft. Dies ist ein enormer Stressfaktor.

Der Begriff „Stress" wird in der Erwachsenenwelt oftmals als etwas Negatives betrachtet, aber das stimmt so nicht ganz!

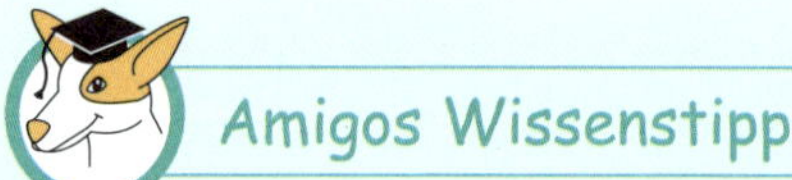

Was bedeutet Stress?

„Stress" ist erst einmal ein ganz neutraler Begriff, der weder etwas Gutes noch etwas Schlechtes beschreibt. Nun folgt etwas Fachwissen für dich: Der gebürtige Wiener Hans Selye (spricht man so: Sälli) gilt als Pionier der Stressforschung. Für ihn ist Stress lediglich eine Anpassungsadaption – so heißt es in der Fachsprache, und Adaption bedeutet: auf Anpassung beruhend. Er entwickelte ein Stresskonzept, das er so nannte: „Das Allgemeine Anpassungssyndrom".

Dieses beschreibt, wie Menschen (und Tiere) auf bestimmte Situationen oder Reize reagieren. Das ist natürlich erst einmal nichts Schlimmes, sondern ein ganz normales Verhalten unseres Körpers. Stell dir zum Beispiel vor, es geschieht irgendetwas, dann gilt es für dich, die Herausforderung zu meistern. Oder man hat ein besonderes Erlebnis, dann reagiert der Körper auf die Reize, und diese Reize werden auch „Stressreize" genannt. Auf diese Reize zu reagieren ist eine total normale Reaktion, die erst einmal weder gut noch schlecht ist.

Die Auslöser, die deine Gefühle oder Herausforderungen aktivieren, die sogenannten Stressoren, können sehr unterschiedlich und individuell sein. Wie man auf Stressauslöser reagiert, hängt zum Teil von der Veranlagung und auch von persönlichen Erfahrungen ab. Tatsache ist, dass sensible Kinder und Erwachsene mehr Reize aus ihrem Umfeld wahrnehmen und leichter und intensiver auf die Reize reagieren und sich somit schneller gestresst fühlen. Ein anderer Typ Mensch wird nicht so intensiv oder nur für einen kurzen Moment auf die Reize ansprechen und keinen oder nur wenig Stress erfahren.

Wichtig ist zu wissen: Jedes Kind und auch jeder Erwachsene empfindet Stress anders!

Der „gute" und der „böse" Stress

Die Stressreize, also das Erlebte oder die Herausforderung im Alltag, die etwas in einem auslösen, lassen sich in zwei Gruppen einteilen.

Zur Erklärung möchte ich dir ein luftiges Beispiel beschreiben. Mit dem Stress ist es ähnlich wie mit der Luft, es gibt „gute" und „schlechte" Varianten:

Die reine „**gute**" Luft tut uns gut, stärkt unser Wohlbefinden und ist wichtig für einen gesunden Körper. Die Yogis sagen, dass Luft die Lebensenergie aktiviert und den Menschen nährt.

Die „**schlechte**" Luft mit all den vielen Abgasen oder Verschmutzungen tut uns nicht gut und kann einen sogar richtig krank machen.

Ähnlich wie mit der Luft, verhält es sich auch mit dem Stress: Es gibt „guten" und „schlechten" Stress, dieser wird im folgenden Beispiel „böser Stress" genannt.

A) Der „gute Stress"

Du kennst sicherlich Situationen, in denen du im „Guten-Stress-Modus" bist, nämlich dann, wenn dir etwas super viel Spaß macht. In solchen Momenten kennst du bestimmt das Gefühl, dass du die Zeit um dich herum vergisst, so vertieft bist du in dein Tun. Oder du bist vor Freude total aufgeregt, weil sich ein besonderes Ereignis ankündigt. Dies kann zum Beispiel eine erste Fahrt mit dem neuen Fahrrad oder die Vorfreude auf deinen Geburtstag oder eine Party sein. Es gibt noch viele weitere Beispiele, sicherlich kennst du diese besonderen Momente.

Alles, was mit sehr viel Freude und großer Begeisterung zu tun hat, sorgt für ein Kribbeln im Bauch – eben ein angenehmes Gefühl. Es ist ein positiver Stressfaktor. Wenn du neue Dinge lernst oder dein Gehirn gefordert ist, Herausforderungen zu lösen, dann bist du wach, angespannt und zugleich konzentriert. In diesen Momenten ist Stress ein guter Motivator und Unterstützer, um zu lernen, aktiv und kreativ zu sein.

In den Momenten, in denen dich eine „Gute-Stress-Welle" erreicht, also der „gute" oder „positive" Stress, bist du etwas mehr angespannt, erregt oder aufgeregt, und es werden automatisch sogenannte Stresshormone ausgeschüttet. Schon wenig später kommt der Körper automatisch in die Erholungsphase, die Ausschüttung der Stresshormone geht zurück und du bist auf einmal körperlich und seelisch wieder entspannt. Die Yogis nennen es: Du bist in deiner Mitte oder inneren Balance.

Es ist hilfreich, sich das bildlich vorzustellen. Die „Normal-Stresskurve" in deinem Alltag ist wie eine Linie, die sich gleichmäßig auf (das ist erhöhter freudiger Stress) und ab (das ist die Erholungsphase) bewegt.

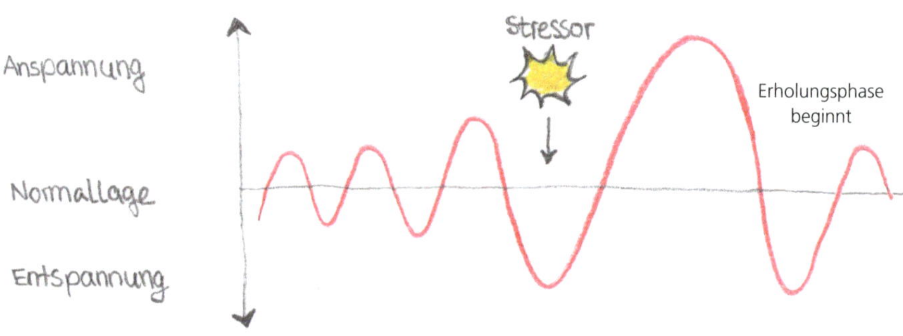

B) Der „böse Stress"

Den „bösen Stress" erfährst du, wenn du dich beispielsweise überfordert und unsicher fühlst oder dich ängstigst. Richtig schlimm ist es für dich, wenn du diese Gefühle öfter oder sogar täglich hast.

Einige Kinder haben zum Beispiel große Probleme, sich in der Schule zu melden, weil sie sich viele Gedanken machen und meinen, die Antwort könnte vielleicht falsch sein. Sie haben Angst, Fehler zu machen, und dafür vielleicht sogar ausgelacht zu werden. Also erleben sie jeden Tag ungute Gefühle wie Unwohlsein, Unsicherheit, Scham oder auch Ängstlichkeit oder gar Angst. Dadurch steigt die Stresskurve an und der Körper kommt kaum noch in die Erholungsphase, also zur körperlichen und seelischen Entspannung. Wer immer wieder gefordert wird und längere Zeit innerlich ständig erregt, aufgeregt oder ängstlich ist, erfährt ständig Stress, einen **Dauerstress**.

Das ist schlimm, denn Körper und Gedanken kommen dann nicht mehr in die Balance, der Stress bringt einen aus dem inneren Gleichgewicht.

Stress, der dauernd anhält und nicht wieder in die Entspannungsphase kommt, bringt den Körper durcheinander – darum wird diese Art von Stress hier „böser Stress" genannt, weil er uns nicht guttut.

Durch ständige Überforderung über einen längeren Zeitraum kann langfristig auch das Immunsystem leiden. Man fühlt sich schneller schlapp, müde und unkonzentriert und bekommt leichter einen Schnupfen oder andere körperliche Probleme. Erwachsene, die ständig den „bösen Stress" erfahren, sprechen manchmal von einem „Burn-out", womit sie meinen, dass ihre Energiereserven wie ausgebrannt sind und sie sich energie- und kraftlos fühlen.

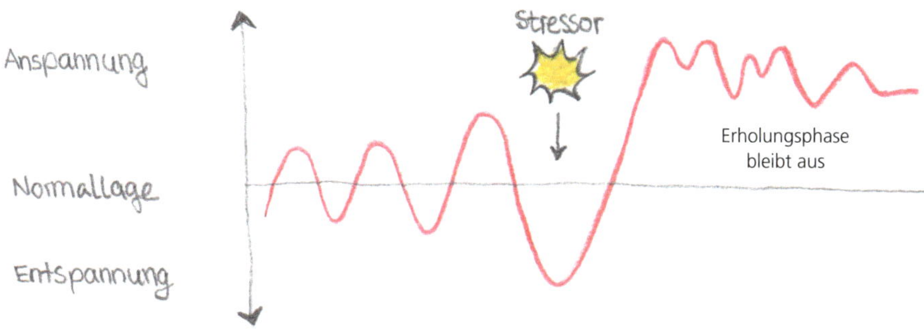

Stressauslöser, die zum „bösen Stress" gehören, können ganz unterschiedlich und sehr individuell sein.

Dies sind einige Beispiele für Auslöser von „bösem" Stress, der nicht guttut:

- emotionale Spannungen bei Streit in der Familie oder mit Freunden
- sehr viel für die Schule lernen zu müssen
- Leistungsdruck und Zeitdruck in der Schule und zu Hause
- zu viele Aufgaben und Termine, die zu erledigen sind
- zu wenig Freizeit (freie Zeit fürs Nichtstun und Relaxen)
- immer alles perfekt machen zu wollen
- Ärger in der Schule
- Angst, Fehler zu machen
- Angst vor schlechten Noten
- Angst vor neuen Situationen
- Angst vor Lehrer(inne)n und Erzieher(inne)n
- Angst vor Mitschülern oder anderen Kindern und Jugendlichen (Mobbing)
- alle möglichen Ängste
- Traurigkeit
- Langeweile
- geärgert, gehänselt oder ausgelacht werden
- Lautstärke in der Schule oder in deiner Umgebung
- Unwohlsein, ohne das Gefühl genau einordnen zu können
- sich nicht geliebt fühlen
- sich hässlich fühlen
- zu viele Reize, die auf dich einströmen (Reizüberflutung)
- schlecht träumen und schlecht schlafen
- und vieles mehr...

Kennst du noch weitere Beispiele?
Nimm dir Zeit, in Ruhe darüber nachzudenken,
was dich stresst oder ungute Gefühle in dir auslöst.

Wusstest du, dass auch zu viel Hitze oder Kälte und eisiger Wind, aber auch Hunger und Durst Stressfaktoren sein können? Nun hast du dir erste Gedanken zum „bösen Stress" gemacht, und wir wollen das Thema „böser" und „guter" Stress noch vertiefen.

Böser Stress: „Nein Danke!" - unbedingt loslassen!

Trage alles in die Luftballons ein, was dich zu sehr stresst, dir nicht guttut und was du loslassen möchtest.

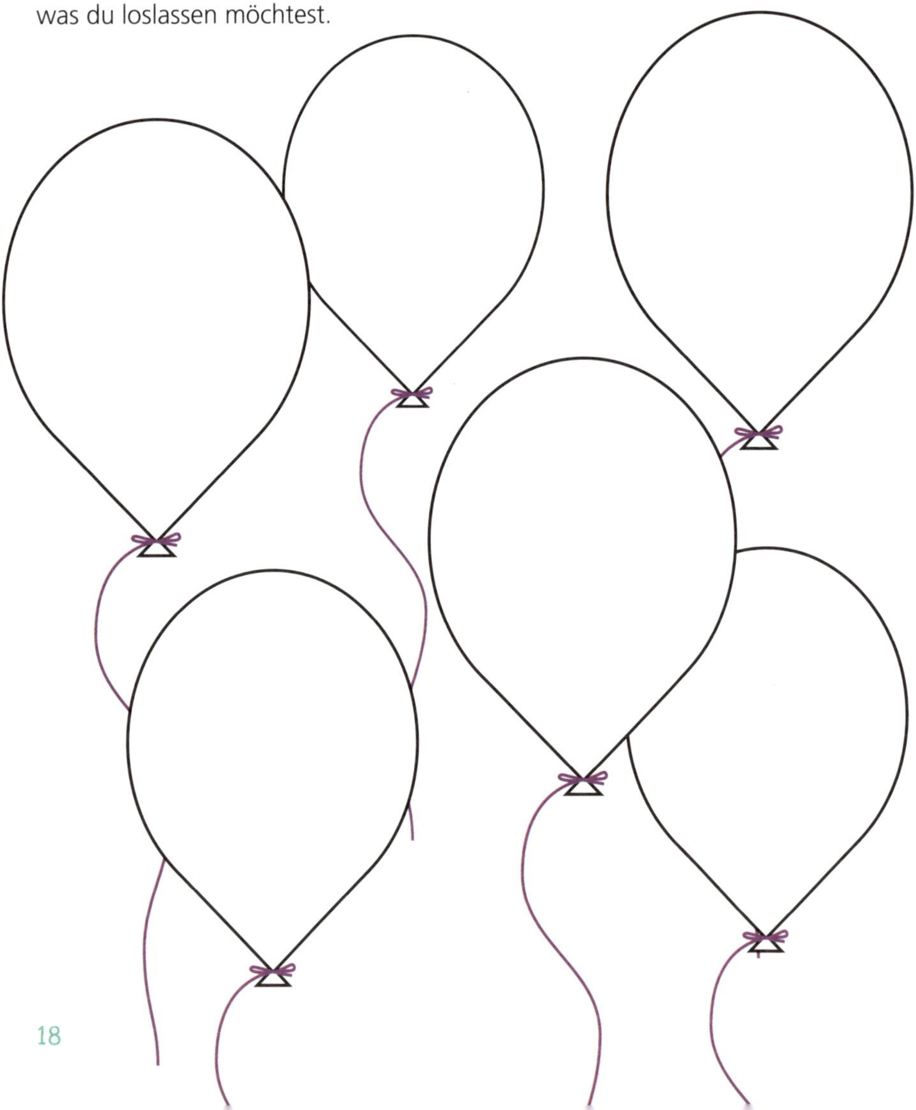

Das Aufschreiben hilft dabei, sich Dinge bewusst zu machen. Es befreit deine Seele, und du kannst diese Gedanken loslassen. Dass kannst du täglich üben!

Ich fühle mich schlecht, wenn...

Guter Stress „beflügelt"!

Trage alles in die Wolken ein, wenn du aktiv bist, was dir Spaß und Freude bereitet und wobei du dich supergut fühlst.

Ich fühle mich gut, wenn...

Ich fühle mich gut, wenn …

Amigos Merktipp

- Stress ist erst einmal weder positiv noch negativ, es ist eine Reaktion auf Erlebtes.
- Wir alle erleben täglich immer wieder neue Stressmomente und Herausforderungen, sie gehören zum Leben.
- Der „gute Stress" sorgt für gute Gefühle und freudige Erregung (Anstieg der Stresskurve), und anschließend ist der Körper wieder entspannt (Stresskurve flacht ab).
- Beim „bösen Stress" steigt die Stresskurve und der Körper kommt kaum noch in die Erholungsphase, was nicht gut ist für den Körper und das Wohlbefinden.

Es ist wichtig zu wissen, was Stress bedeutet, wie Stress wirkt und wie man lernen kann, Stress loszulassen oder abzubauen, um wieder in die innere Balance zu kommen. Wie das funktioniert, lernst du schon im nächsten Kapitel.

Entspannt lebt und lernt es sich leichter

Der Stress und du

Was der Begriff „Stress" bedeutet, habe ich dir bereits erklärt. Nun möchte ich dich motivieren, dich noch intensiver mit dem Thema Stress zu beschäftigen – natürlich mit Begeisterung und ohne „bösen" Stress.

Du hast in die Luftballons schon einige Negativ-Stressbeispiele eingetragen, die ich mit dir noch einmal näher beleuchten möchte.

Wann fühlst du dich in deinem Alltag genervt oder gestresst?

Was zeigt dir dein Körper und dein Kopf (deine Gedanken) an Unwohlsein, wenn du gestresst bist?

Wie geht es dir, wenn du dich gestresst fühlst?

Warum Entspannung wichtig ist

Stress für Feinfühler

Wer eine sensible Wahrnehmung hat, saugt all die vielen Informationen der Umwelt wie ein Schwamm auf. Das ist so, und man kann es nicht abstellen. Das kann ganz schön anstrengend sein, denn die vielen verschiedenen Reize wirken manchmal in ihrer Fülle regelrecht wie eine **Reizüberflutung**.

In dem Buch „Ich bin wie ich bin – genial und total normal" habe ich ausführlich über solche Situationen der Reizüberflutung und andere Begebenheiten aus meinem Leben als hochsensibler Hund berichtet und auch erzählt, dass ich dann manchmal ganz plötzlich bockig oder traurig geworden bin. Ich wusste oftmals nicht, warum, und habe mich dann häufig selbst nicht mehr verstanden. Ich fühlte überfordert und durcheinander.

Eine Reizüberflutung kann Menschen und Tieren sehr zu schaffen machen. Aber das Tolle ist: Jeder kann lernen, die Reizüberflutung rechtzeitig zu bemerken! Es muss nur die Achtsamkeit und die eigene Wahrnehmung geschult werden, damit man zeitig spürt, wenn es zu viele Reize und Eindrücke sind, die einen aus dem inneren Gleichgewicht bringen. Dann kann man entsprechende Übungen zur Stressreduktion machen.

Amigos Wissens-Tipp

Sensible und feinfühlige Kinder und Erwachsene erfahren in ihrem Alltag oftmals eine Überstimulation (das bedeutet: zu viel Anregung). Durch die Fülle der Informationen, die ständig auf sie einströmen, nehmen sie mehr Reize auf als andere. Sie sind offener für Reize. Aber das Gehirn muss diese Informationen auch alle verarbeiten, und das kann schon mal zu einer Überreizung der Sinne und des Nervensystems führen. Und es kann auch zu einem größeren Stressempfinden führen, egal ob es ein positiver oder ein negativer Stress ist.

Darum ist Stressreduktion und Entspannung für sensible Wesen extrem wichtig!

Eine Fülle von Reizen wird schnell zu einer Reizüberflutung und diese kann sich ganz unterschiedlich und individuell zeigen. Hier ein paar Beispiele:

Welche Gefühle und Situationen kennst du aus deinem Leben? Kreuze an!

- ○ Ich fühle mich total gut, bin fröhlich und lache, und von einer Sekunde auf die andere bin ich total traurig und möchte am liebsten losweinen = Gefühlswirrwarr.
- ○ Auf einmal bin ich richtig grantig oder bockig und kann nicht erklären, warum es so ist.
- ○ Ich fühle mich öfter von allem genervt und habe schlechte Laune.
- ○ Mein Verhalten scheint auf einmal nicht erklärbar, die anderen verstehen mich nicht, und ich verstehe mich selbst nicht.
- ○ Ich erlebe oft ein Gefühl der Hilflosigkeit: „Ich kann das alles nicht." – „Mir ist alles gerade zu viel." – „Ich kann mich nicht mehr konzentrieren."
- ○ Ich versuche, immer alles ganz perfekt zu machen.
- ○ Fühle ich mich unwohl oder gestresst, ziehe ich mich zurück und rede nicht mehr mit den anderen. Diese halten mich dann oftmals für unhöflich, desinteressiert oder sogar arrogant. Keiner sieht, dass meine „Maske" nur meine Gefühls-Schutzmaske ist.
- ○ Ich kann mich auf einmal nicht mehr konzentrieren.
- ○ Ich habe manchmal Kopfschmerzen oder Bauchschmerzen.
- ○ In meinem Kopf dreht sich oft ein Gedankenkarussell (mit schönen und negativen Gedanken).
- ○ Ich fühle mich schnell müde und schlapp.
- ○ Meine Augen brennen und fühlen sich müde an.
- ○ Meine Schultern und mein Nacken fühlen sich hart und verspannt an.
- ○ Manchmal kann ich schlecht einschlafen und fühle mich irgendwie unruhig.
- ○ Wenn mal etwas schiefgeht, flippe ich total aus.
- ○ Ich gehe nicht gerne an Orte, wo viele Menschen sind (Stadtbummel, Flohmarkt, etc.).
- ○ Neues verunsichert mich. Ich bin manchmal ängstlich und weiß nicht, warum.
- ○ Ich habe öfter einen Schnupfen.
- ○ Ich kann mich ganz oft nicht entscheiden.

Wenn du einige der Beispiele angekreuzt hast, dann hat dich das böse **Stressmonster** erreicht. Es ist wichtig, dass du es erkennst, wenn es auftaucht, und weißt, wie du es wieder loswirst.

Es ist ganz einfach, sich darin zu üben, inneren Stress aufzuspüren und wahrzunehmen, bevor das Stressmonster zu machtvoll wird, dich aus der inneren Balance bringt und du dich unwohl und gestresst fühlst.

Auf den nächsten Seiten erfährst du, wie du dem bösen Stressmonster begegnen und körperlichen und seelischen Stress abbauen kannst, um wieder in die Balance, das heißt in dein inneres Gleichgewicht, zu kommen.

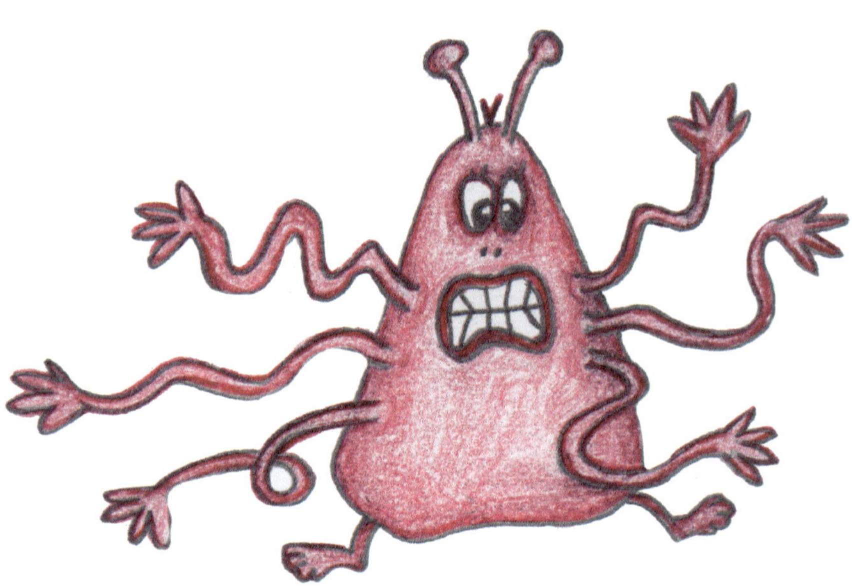

Amigos Wissenstipp

Du weißt jetzt, dass viele Reize sich zu einer Reizüberflutung entwickeln können und dadurch den „bösen" Stress auslösen, der dir nicht guttut.

Bei großer Herausforderung und zu viel Stress (siehe Stresskurven von Seite 16/17) ist es ganz wichtig, wieder für körperliche und seelische Entspannung zu sorgen.

Körperliche Entspannung bedeutet, dass sich die Ausschüttung der Stresshormone wieder reduziert, deine unbewusste Muskelanspannung nachlässt und sich innere Ruhe bei dir einstellt.

Die seelische Entspannung zeigt sich darin, dass du dich wieder gut und fröhlich fühlst und keine sorgenvollen Grübelgedanken in deinem Kopf hast.

Achtung: Wann immer du in deinem Alltag eine erhöhte Anspannung, also zu viel Stress erfährst, ist es wichtig, für Entspannung zu sorgen.

Mit etwas Feingespür und Achtsamkeit ist es easy peasy zu lernen, wie du deine Aufmerksamkeit und Wahrnehmung schulen kannst, damit du weißt und spürst, wann sich das böse Stressmonster ankündigt und dich nerven will. Dann kannst du es rechtzeitig abwehren und somit gut für dich sorgen.

Anspannung - Entspannung

Das Leben besteht immer aus Herausforderungen und neuen Situationen – und der damit verbundenen inneren Anspannung.

Darum ist es wichtig, damit die innere Balance stimmt, als Gegenpol für Entspannung zu sorgen, damit der Körper und die Gedanken – die Yogis sprechen von: Körper, Geist und Seele – wieder ins Gleichgewicht kommen.

Damit du verstehst, was damit genau gemeint ist, erkläre ich es dir an einem Beispiel:

A) Was ist mit diesem Gummiband? Wie würdest du es beschreiben?

Klar, das Gummiband ist *gespannt*!

Das Gummiband zeigt jetzt Spannung bzw. Anspannung.

Anspannung – in diesem Fall die innere Anspannung – brauchst du zum Beispiel in deinem Alltag oder in der Schule, wenn du gut zuhören oder etwas lernen möchtest. Aber auch wenn du einen spannenden Film schaust und vor Aufregung deine Sinne hellwach sind, erfährst du eine innere Anspannung. Und manchmal sogar eine körperliche Anspannung.

Anspannung bedeutet für dich: aktiv und hoch konzentriert zu sein.

B) Was ist jetzt mit dem Gummiband? Wie würdest du es beschreiben?

Klar, das Gummiband ist *schlaff*!

Das Gummiband hat nun keine Spannung mehr. Es ist entspannt.

Entspannung erfährst du zum Beispiel in den Schulpausen, wenn du dich nicht mehr aufs Lernen zu konzentrieren brauchst, jetzt herumtoben kannst und Spaß mit Freunden hast.

Entspannung oder entspannt zu sein bedeutet auch, wenn du in deinem Zimmer sitzt und in die Wolken schaust, dich einfach ausruhst und „chillst", deine Lieblingsmusik hörst oder einfach einmal nichts tust. Man nennt es auch „Chill-Modus" oder relaxen. Man kann entspannen, wenn man Dinge tut, die einem Spaß machen, und man ganz ohne Leistungsdruck und Anstrengung sein kann.

Entspannung bedeutet für dich: aktiv, aber auch im „Chill-Modus" zu sein.

Amigos Merktipp

In deinem Leben brauchst du immer eine gute Balance zwischen Anspannung (aktive Momente der Konzentration) und Entspannung (Momente, in denen du mal nichts tust oder einfach nur Spaß hast und herumtoben kannst).

Wenn du zu viel Anspannung hast und zu wenig Entspannung, dann erfährst du „bösen" Stress, der dir und deinem Körper nicht guttut. Also sorg für tägliche Entspannung.

Der kleine Neandertaler

Wenn du zu viele Momente der inneren Anspannung erfährst und dich oftmals gestresst fühlst, dann meldet sich der innere Steinzeitmensch, den ich hier als den „kleinen Neandertaler" beschreibe. Du kannst es dir dann besser bildhaft vorstellen.

Das klingt jetzt erst einmal komisch, und du denkst sicherlich, das ist ja Blödsinn – ich habe ja gar keinen Neandertaler in mir. Nein, den hast du auch nicht wirklich in dir, sondern als „kleiner Neandertaler" werden Schutzreflexe bezeichnet, die die Menschen und auch die Tiere seit Urzeiten in sich tragen. Diese sind angeboren und werden immer weiter vererbt und dienten und dienen noch immer dazu, einen vor Gefahren zu warnen und so unser Leben zu beschützen.

Zeigt sich eine bedrohliche Situation, möchte der kleine Neandertaler am liebsten:

A) **weglaufen, um sich in Sicherheit zu bringen,**

B) **um sein Leben kämpfen**

oder

C) **einfach stehen bleiben und so tun, als wäre er unsichtbar (Tiere stellen sich dann tot)**.

In unserem Leben können wir aber nicht so einfach vor unangenehmen Situationen (zum Beispiel Schulstress, Lernen, Zimmer aufräumen, zu viel tun, Herausforderungen, Streit mit Eltern oder Freunden usw.) weglaufen oder gegen sie ankämpfen! Trotzdem greift der kleine Neandertaler auf diese Urinstinkte, die Schutzreflexe, zurück und aktiviert die innere Energie und Muskeln, um – eigentlich – wegzulaufen. Oder er lässt die Muskeln sich anspannen und sich zusammenziehen, um den Körper vor vermeintlichen Feinden zu schützen – damals waren es Mammuts oder Säbelzahntiger.

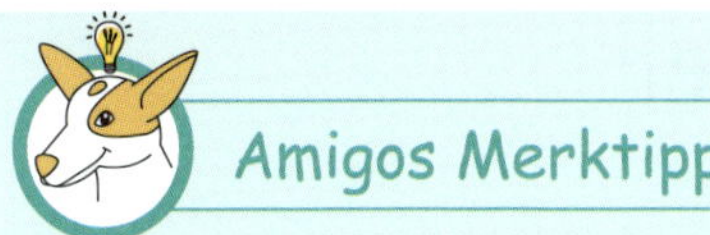

Amigos Merktipp

Das passiert, wenn du zu viel Stress hast oder dich ängstigst und der kleine Neandertaler sich meldet.

A) Er möchte, dass du körperlich aktiv wirst, schickt die Energiereserven in den Körper und mobilisiert deine Muskeln. Wichtige Muskeln spannen sich an. In solchen Momenten geht es ums Losrennen – in früheren Zeiten um den Überlebenskampf – und nicht ums Lernen.

Also: Zu viel Stress → Ausschüttung von Stresshormomen → Muskelanspannung, aber keine Energie im Kopf → kaum Konzentration möglich → schlecht für das Lernen.

B) Er möchte dich schützen und aktiviert die Schutzreflexe. Beispielsweise werden die Schultern unbewusst hoch bzw. leicht nach vorne gezogen, um deinen Brustkorb zu schützen. Früher war dieser Reflex wichtig, um die Menschen vor Angriffen von Feinden zu schützen. Und genau dieser Reflex meldet sich, wenn du zu viel Stress hast. Darum haben so viele Kinder und Erwachsene ziemlich schlimme Verspannungen an den Schultern und im Nacken-/Halsbereich sowie auch im unteren Rücken.

Also: Zu viel Stress → Ausschüttung von Stresshormonen → Schulter-/Nackenverspannung und hochgezogene Schultern → schlechtere Atmung wegen der Enge im Brustkorb → keine freie Atmung (bedeutet weniger Sauerstoff im Körper) → schlechtere Konzentration und Schulter-/Nackenverspannungen (sorgen für mehr Stress und Anspannung im Kopfbereich). Dies sorgt für Kopfschmerzen, und wir können dann manchmal schlechter gucken, weil die Augen brennen.

Wichtig: Dein Körper und deine Muskeln brauchen dringend regelmäßig Ent-Spannung, um die An-Spannung wieder loslassen zu können.

Amigo - der kleine Yogi

Yoga ist klasse und sehr wirksam. Ganz viele Erwachsene und Kinder machen heutzutage Yoga, denn Yoga hilft, Körperspannungen und seelische Anspannungen, also den „bösen" Stress, abzubauen, sodass sich Körper, Geist und Seele wieder gut fühlen. Das ist auch kein Humbug, denn es ist wissenschaftlich bewiesen: Yoga tut einfach gut und ist eine gute **Gesundheitsvorsorge** – für große und kleine Menschen.

Wer regelmäßig Yoga und Entspannungsübungen macht, kann sich besser konzentrieren, hat mehr Energie, bekommt ein besseres Körpergefühl, schult das Gleichgewicht und die innere Balance, entwickelt mehr Achtsamkeit, macht sich nicht so viele Sorgen und ist im Alltag gelassener.

Wusstest du, dass sogar Manager, Fußballspieler und Popstars Yoga und Meditation üben, damit es ihnen gutgeht?

Amigos Wissenstipp

Yoga tut gut! Yoga wirkt!

Hier einige Beispiele, welch wohltuende Wirkung Yoga für Erwachsene und Kinder hat:

- Stress und Anspannungen werden losgelassen.
- Anregung von Blutkreislauf und Lymphsystem – Giftstoffe können besser ausgeschieden werden.
- Die Gedanken kommen zur Ruhe, das Nervensystem wird gestärkt und kommt wieder in Balance = seelisches Gleichgewicht.
- Die Ausschüttung der Stresshormone wird reduziert und Glückshormone können ausgeschüttet werden.
- Die körperliche Beweglichkeit wird verbessert.
- Die Muskulatur wird gekräftigt, was eine bessere Körperhaltung bewirkt.
- Es schenkt „Erdung" und zugleich Leichtigkeit.

- Der Gleichgewichtssinn wird durch Balanceübungen angeregt, um sicher im Leben zu stehen.
- Es fördert die Wahrnehmung für das Körpergefühl und die Emotionen.
- Es fördert die Konzentration.
- Ängste und dadurch ausgelöste körperliche Verspannungen können losgelassen werden.
- Es schult die Achtsamkeit und Aufmerksamkeit.
- Es verleiht Ruhe und Gelassenheit und somit ein positives Lebensgefühl.
- Das Selbstwertgefühl und die Selbstwertschätzung werden gesteigert.

Kinderyoga und Entspannung

Für Kinder gibt es eine besondere spielerische Form des Yoga. Kinderyoga ist voll cool und bringt richtig viel Spaß. Die Übungen werden sehr viel spielerischer ausgeübt als beim Yoga für Erwachsene.

Die Yogaübungen für Kinder sind in Geschichten verpackt, damit man sich alles besser vorstellen kann und es mehr Spaß macht. Auch ich liebe Yoga sehr!

Wir Hunde sind sowieso alle kleine Yogis, denn wir recken und strecken uns ständig, ähnlich wie beim Yoga. Und alle Hunde relaxen regelmäßig und machen tagsüber immer wieder ein kleines Nickerchen, um sich zu entspannen. Das tut einfach gut, und anschließend fühlt man sich wieder fitter, da mehr Energie vorhanden ist und man sich besser konzentrieren kann. Das liegt daran, dass der Geist sich entspannen konnte und gleichzeitig werden die Energiereserven – die inneren Akkus – durch die Entspannungszeit wieder aufgeladen. Darum möchte ich dir nicht nur einige tolle Kinderyogaübungen vorstellen, sondern dir auch erklären, wie man sich entspannen kann.

Selbstfürsorge

Viele Erwachsene denken oft nicht daran, sich zwischendurch immer mal wieder zu entspannen, es langsam angehen zu lassen und tief durchzuatmen. Sie hetzen wie wild durch den Alltag, erledigen sehr viel, aber vergessen, gut für sich selbst zu sorgen.

Stell dir vor, es gibt sogar inzwischen Seminare für Erwachsene, damit sie lernen, sich in Langsamkeit (das heißt heutzutage „Entschleunigung") und Selbstfürsorge zu üben. Selbstfürsorge bedeutet, gut für sich und das eigene Wohlbefinden zu sorgen – das brauchen wir Hunde nicht, denn wir sind Meister darin. Damit es dir gut geht, möchte ich dich anleiten, dass DU immer gut für dich sorgst – also dich in Selbstfürsorge übst. Das ist nämlich total easy peasy, es kostet nichts und ist aber ein wahrer Goldschatz. Je früher du lernst, gut für dich zu sorgen, desto entspannter und gelassener kannst du das Leben meistern.

Entspannung, wie geht das?

Stressreduktion und Entspannung sind kinderleicht, man muss sich nur die Zeit dafür nehmen. Es gibt verschiedene Möglichkeiten zur Entspannung. Am allerwichtigsten ist aber die aktive Entspannung, die Bewegung – am besten in der Natur –, und dann die passive Entspannung, der „Chill-Modus", damit der Körper all die ausgeschütteten Stresshormone wieder abbauen kann.

Aktive Entspannung

Zum Beispiel:

- ein Spaziergang in der Natur
- mit Freunden toben, lachen und Spaß haben
- Sport (aber ohne Leistungsdruck und nur, was wirklich Freude macht)
- Yoga oder andere Bewegungs- und Entspannungstechniken

Passive Entspannung

Zum Beispiel:

- „Chill-Modus" – einfach einmal nichts tun und relaxen
- ein Buch lesen oder Musik hören
- einfach in die Luft gucken, eine Entspannungs-CD hören oder eine Körper-Entspannungsreise machen

Amigos Tipp

- Bewege dich ausgiebig in der Natur an der frischen Luft.
- Kombiniere reichlich Bewegung in der Natur mit Yogaübungen für Kids und Teens zuhause und lerne, deinen Körper zu entspannen.

Nun geht es los - wir spielen Yoga

Ich möchte dir einige tolle Kinderyogaübungen und wichtige Tipps für mehr Entspannung vorstellen, denn Yoga tut gut, weil du dabei deinen Körper trainierst und die Muskulatur dehnst. Du lernst ebenso, immer achtsamer zu werden, wie sich dein Körper anfühlt, so dass es dir leichter fällt, nach den aktiven Übungen den Körper richtig gut zu entspannen.

Die Yoga und Entspannungsübungen sind für

- jüngere Kinder ab ca. 3 bis 4 Jahren mit ihren Eltern,
- für Kinder und Teenager
- und natürlich auch für die Mütter und Väter.

Das brauchst du

- eine Yogamatte oder eine Isomatte und eine Decke (Falls du Yoga auf einem Teppichboden machst, brauchst du nur eine Decke).
- Du kannst die Yogaübungen mit Socken oder auch barfuß machen. Achte aber darauf, dass die Füße nicht kalt werden.
- Wenn du die Übungen alleine machen möchtest, teile es dem Rest der Familie mit, damit dich niemand stört.
- Yoga- und Entspannungszeit ist deine persönliche Auszeit, um neue Energie zu schöpfen. Wie der Begriff „Aus-Zeit" schon sagt, schalte bitte alle technischen Geräte aus: Handy, Computer oder Tablet – schalte die Geräte bitte aus, damit du nicht in Versuchung kommst, beim Ankommen von neuen Nachrichten darauf zu schauen. Es ist Aus-Zeit!

Eine Aus-Zeit tut gut, auch wenn es dir am Anfang vielleicht etwas schwer fällt.

Nun folgen meine absoluten Lieblingsübungen. Im Yoga heißen die Übungen übrigens Asanas. Sabina wird sie dir vorstellen und erklären. Das kann sie besser als ich, denn sie ist ausgebildete Kinderyogalehrerin und Expertin auf diesem Gebiet. Im ersten Teil werden die Kinderyogaübungen, und worauf du dabei achten musst, einzeln erklärt. Im zweiten Teil möchten wir dich zu zwei kleinen Yoga-Abenteuern einladen.

Amigos Merktipp

Die Vorbereitung

- Du solltest keine Yogaübungen machen, wenn du dich unwohl fühlst, krank bist oder ein gesundheitliches Handicap hast. Ebenso solltest du niemals mit vollem Bauch Yoga üben.
- Schau dir zuerst einmal die Bilder genau an.
- Dann lies dir die Übungsanleitung gut durch, oder lass sie dir vorlesen. Wenn du etwas nicht verstanden hast, bitte deine Mutter oder deinen Vater, dir den Bewegungsablauf genau zu erklären.
- Wichtig ist, dass du zu Beginn immer deine Muskulatur aufwärmst – eine perfekte Übung dazu ist Amigos „Warm-Up-Hundetanz".
- **Achte auf die besonderen Hinweise bei einigen Übungen**.
- Mache die Übungen zeitlich nach deinem Gefühl und so gut, wie DU es kannst. Einige Bewegungen brauchen etwas mehr Übung und Geduld. Wenn du geübter bist, darfst du die Übungen für 1 bis 3 Minuten machen, je nach Lust und Laune.
- Kinder machen die Übungen mit geöffneten Augen, es sei denn, es wird die Empfehlung gegeben, zum Nachspüren die Augen zu schließen. Achte auf die entsprechenden Hinweise.
- Nach der Übungsbeschreibung findest du noch eine Information über die Wirkung der Übung, damit du genau weißt, warum sie dir guttut.

Ich wünsche dir viel Freude beim Entdecken meiner Lieblings-Kinderyogaübungen!

Amigos Lieblings-Kinderyogaübungen

Übungen im Stehen

Stehen wie ein Yogi

- Stell dich aufrecht hin und schließe die Augen. Dann kannst du besser spüren, wie du stehst.
- Wander mit deiner Aufmerksamkeit zu deinen Füßen. Überprüf, ob deine Füße guten Bodenkontakt haben und ob du sicher stehst.
- Dann richte deine Wirbelsäule auf.
- Entspann deine Schultern und lass sie leicht hängen, die Arme baumeln ganz entspannt.
- Halt deinen Kopf gerade. Manchmal ist es hilfreich, das Kinn ein wenig heranzuziehen, damit sich die Halswirbelsäule aufrichten kann.
- Nun stellst du dir vor, dass aus deinen Füßen lange tiefe Wurzeln wachsen und du gut verwurzelt, sicher und gut aufgerichtet stehst – wie ein Yogi.
- Nimm noch 2 bis 3 lange, tiefe Atemzüge, öffne dann die Augen und schüttel deine Arme und Beine aus.

Amigos Warm-Up-Hundetanz

Amigos „Warm-Up-Hundetanz" ist eine gute Aufwärmübung. Wer sie macht, bringt den Kreislauf so richtig in Schwung, alles wird angeregt, die Muskulatur wird erwärmt und gleichzeitig bekommst du wieder klare Gedanken.

So geht es

Stell dich aufrecht hin und bewege jeweils einen Arm und das gegenüberliegende Bein. Diese Übung wird auch Überkreuzübung oder Cross-Crawl genannt.

Variante 1

- Der angewinkelte Arm bzw. der linke Ellenbogen wird zum angehobenen gegenüberliegenden rechten Knie geführt. Ellenbogen und Knie dürfen sich berühren.
- Dann wird der rechte Ellenbogen zum gegenüberliegenden linken Knie geführt.
- Und damit dir auch warm wird, geht es jetzt mit Schwung weiter, ein Ellenbogen wird zum gegenüberliegenden Knie bewegt.
- Mache die Bewegung, bis dir richtig gut warm geworden ist (ca. 1 bis 2 Minuten).

Achtung

Jüngeren Kindern fällt diese Bewegung gar nicht so leicht. Darum ist es eine gute Hilfe, wenn du dir beispielsweise einen kleinen blauen Klebepunkt auf den rechten Ellenbogen und auf das linke Knie klebst – und dann dürfen sich die beiden Punkte „begrüßen". Beginne die Bewegung langsam, und wenn alles gut klappt, darfst du dich schneller bewegen. Selbst Erwachsenen fällt diese Bewegung nicht immer so leicht, auch sie haben manchmal ihre Schwierigkeiten, alles gut zu koordinieren.

Variante 2

- Der rechte Arm wird nach oben gestreckt, gleichzeitig wird das linke Knie angehoben.
- Dann wird der linke Arm nach oben gestreckt und dazu das rechte Knie angehoben.
- Dann geht es mit Schwung im Wechsel rechts - links, rechts - links, immer weiter (ca. 1 bis 2 Minuten).

Variante 3

- Die linke Hand und der rechte Fuß werden hinter dem Rücken zusammengeführt.
- Dann die rechte Hand und den linken Fuß hinter dem Rücken zusammenführen.
- Die Bewegung erinnert an einen „Schuhplattler" (ein bayerischer Tanz).

Und jetzt führst du für ca. 1 bis 2 Minuten richtig mit Schwung die Varianten 1 bis 3 aus. **Jetzt müsste dir so richtig warm geworden sein, oder?**

Wirkung

Der „Amigo-Warm-Up-Hundetanz" ist eine gute Aufwärmübung, alles kommt in Schwung und Körper und Geist fühlen sich frisch und energiegeladen. Es ist auch eine gute Übung nach langem Sitzen oder wenn man sich müde und schlapp fühlt und sich nicht mehr konzentrieren kann.

Elterninfo

Die Überkreuzübung ist eine gute Übung, um die Konzentration bei Kindern zu fördern. Die Bewegung aktiviert und harmonisiert durch die Überkreuzbewegung beide Gehirnhälften, dadurch ergibt sich eine bessere Rechts-Links-Koordination und ein verbessertes Sehen und Hören kann sich einstellen. Diese Übung wird nicht nur im Kinderyoga, sondern auch gerne in der Lerntherapie praktiziert.

Die linke Hirnhälfte ist spezialisiert auf rational-logisches, sprachliches Denken, die rechte auf das intuitiv-gefühlsmäßige Denken. Dabei steuert die linke Gehirnhälfte die rechte Körperseite und die rechte Gehirnhälfte die linke Körperseite. Es heißt, nur wenn beide Gehirnhälften auch energetisch gut zusammenarbeiten, ist konzentriertes, erfolgreiches und müheloses Lernen möglich.

Bambus

Kennst du eine Bambuspflanze? Der Bambus hat ganz zarte Blätter an den dünnen Stielen. Hast du schon einmal probiert, einen Bambusstab abzubrechen? Das geht nämlich nicht. Das Besondere an dem Bambus ist, dass die Stiele sehr beweglich aber auch sehr robust sind, sodass man sie nicht ab- bzw. zerbrechen kann.

So geht es

- Stell dich aufrecht hin. Deine Arme hängen entspannt an der Körperseite. Stell dir nun vor, du stehst wie ein Bambus: gut verwurzelt und doch sehr beweglich.
- Bewege deinen ganzen Körper wie ein Bambus, der vom Wind hin und her gewiegt wird.
- Dein Körper schwingt ganz locker und weich in alle möglichen Richtungen (nach vorne, nach hinten, nach links, nach rechts, diagonal und auch kreisend), ohne dabei aus der Balance zu kommen.
- Wiege dich in alle Richtungen und probiere auch aus, wie weit du dich in die Bewegungsrichtung bewegen kannst, ohne dass du das Gleichgewicht und deine Füße den Bodenkontakt verlieren.

Du kannst die Übung mit geöffneten Augen machen und dann auch einmal ausprobieren, wie es sich anfühlt, wenn du die Augen dabei schließt.

Wirkung

Die Übung schult die Wahrnehmung und Achtsamkeit und trainiert das Gleichgewicht. Der Bambus schenkt dir das Gefühl, gut verwurzelt und standfest zu sein, aber auch Beweglichkeit und Flexibilität zu spüren.

Standfestigkeit und Flexibilität sind zwei wichtige Aspekte, die man im Leben braucht, um gut mit beiden Beinen im Leben zu stehen, aber zugleich mit Offenheit, Neugier und Flexibilität neuen Dingen und Herausforderungen zu begegnen.

Baum

Amigo liebt Waldspaziergänge, weil es hier so schön duftet. Der Geruch des Waldes ist herrlich, aber spannend sind auch die vielen Gerüche der Tierspuren. Und er liebt die großen Tannen, die uralten Eichen und die Buchen mit ihren mächtigen Baumkronen. Die Bäume haben tiefe Wurzeln, mit denen sie ihre Nahrung aus der Erde saugen. Außerdem sind sie durch ihre starken Wurzeln sehr standfest, eben gut verwurzelt.

So geht es

- Stell dir jetzt vor, dass du dich in einen uralten mächtigen Baum verwandelst. Dazu stellst du dich erst einmal entspannt hin. Wander mit deiner Aufmerksamkeit zu deinen Füßen und lass in Gedanken sehr lange, tiefe Wurzeln aus deinen Füßen in den Erdboden wachsen. Du bist jetzt gut verwurzelt, denn die Wurzeln geben dir Sicherheit und Standfestigkeit – nichts kann dich umwerfen.
- Dein Körper bildet den dicken Baumstamm, der ganz gerade ist.
  Heb dann die Arme in den Himmel, sie formen nun die Baumkrone mit den vielen grünen Blättern.
- Nun bist du in Gedanken ein wunderschöner, kräftiger Baum.
  Steh jetzt wie ein Baum und denk an deinen Lieblingsbaum, den du aus dem Garten oder einem Park kennst.
- Ein laues Sommerlüftchen zieht auf und bewegt die Baumkrone mit den Ästen und Blättern zart. Wiege dich nun sanft hin und her.
  Wiege dich in alle Richtungen – nach vorne, nach hinten, zu den Seiten, auch schräg nach vorne und nach hinten.
- Auf einmal wird es dunkel und ein Sturm zieht auf. Der Baum wird nun kräftig durchgeschüttelt, und die Baumkrone bewegt sich hin und her.
- Deine Füße fühlen sich gut verwurzelt an, sodass du nicht umfallen kannst – aber der obere Teil des Baumes und die Baumkrone bewegen sich im Sturm. Bewege dich jetzt kräftig in alle Richtungen. Wenn du möchtest, darfst du dazu leichte Wind- oder laute Sturmgeräusche machen, Zisch- und Heullaute.
- Dann zieht der Sturm weiter, der Wind legt sich, und alles kommt wieder zur Ruhe. Steh jetzt noch einmal für einen Moment gerade aufgerichtet und verwurzelt – wie dein Lieblingsbaum.

Wirkung

Die Baumübung ist eine sanfte meditative Übung, die die Aufmerksamkeit und Wahrnehmung schult und das Gefühl der Standfestigkeit vermittelt. Die Yogis sagen: „Wer sicher steht, ist gut geerdet", also in Verbindung mit Mutter Erde.

Schreib hier auf, welcher dein Lieblingsbaum ist.

Du darfst deinen Lieblingsbaum auch malen:

Flügelschlagen

So geht es

- Stell dich aufrecht hin, die Beine leicht gegrätscht.
- Position A): Streck die Arme nach vorne und lege die Handinnenflächen aneinander.
- Position B): Lass die Arme gerade nach hinten schwingen und versuche, die Handflächen hinter dem Körper zusammenzubringen.
- Das klappt nicht immer gleich auf Anhieb, aber „Übung macht den Meister oder die Meisterin" – mach es so gut, wie du es eben kannst.
- Führe deine Handflächen mit Schwung vorne und hinten zusammen, aber dabei nicht in die Hände klatschen, die Handflächen sollen sich nur berühren.
- Diese schwungvolle Bewegung machst du für einen Moment (1 bis 2 Minuten).

Wirkung

Die Übung baut Stress und Anspannungen ab, dehnt die Muskulatur im Rücken, bewegt die Schulter-/Nackenmuskulatur und auch Muskelgruppen im vorderen Brustbereich, öffnet den Brustkorb. (Mit dem „kleinen Neandertaler" ist es genau umgekehrt, der sorgt dafür, dass bei Stress und Ängstlichkeit der Brustkorb und die Schultern zusammengezogen werden).

Die Übung „Flügelschlagen" ist eine superwichtige Übung für eine gute Körperhaltung und eine freiere Atmung. Wenn du tiefer atmest, bekommen dein Körper und dein Gehirn mehr Sauerstoff. Du kannst dich dann wieder besser konzentrieren.

Flügelschlagen solltest du regelmäßig mehrmals täglich üben, besonders wenn du lange Zeit gesessen hast.

Holzhacker

Im Wald liegen oft abgeknickte Bäume kreuz und quer herum, die beim Sturm umgefallen sind. Amigo liebt es, über die Baumstämme zu springen oder darauf zu balancieren. Aber natürlich müssen die umgekippten Bäume aus dem Weg geräumt werden. Das macht der Holzhacker mit seiner Axt, und er hat seine liebe Mühe, all die langen und oft sehr dicken Baumstämme klein zu hacken. Dazu braucht er viel Kraft.

So geht es

- Stell dich aufrecht und sicher hin, am besten leicht gegrätscht. Die Füße stehen schulterbreit auseinander. Du spielst jetzt, du wärst ein Holzhacker.
- Verschränk die Finger ineinander, konzentrier dich und sammle deine Kraft.
- Richte dich auf, hebe die Arme, und dann geht es mit Schwung los: Lass deine erhobenen Arme und den Oberkörper mit voller Energie schwingen und stell dir vor, du würdest mit einer Axt den Baumstamm mit vollem Körpereinsatz klein hacken.

- Das machst du drei Mal mit voller Wucht - und mache dazu ein megalautes Hackgeräusch: „Hack, hack, hack".
- Sei nicht zurückhaltend oder schüchtern! Streng dich noch mehr an, du willst ja schließlich keinen Zahnstocher durchhacken, sondern einen dicken Baumstamm.
- Jetzt machst du die Hackbewegung und das Hackgeräusch noch drei Mal, mit voller Power, und hol dir die Kraft aus dem Bauch heraus!

Wirkung

Die Übung trainiert die Rückenmuskulatur und vermittelt einen guten Stand. Körperliche und seelische Spannungen, ausgelöst durch zuviel Stress, werden abgebaut, und aufgestaute Aggressionen oder Wut können losgelassen werden.

Das Selbstbewusstsein und der Ausdruck können gefördert werden, davon profitieren besonders schüchterne, introvertierte Kinder.

Wasserrad

Beim Toben auf einer Wiese entdeckt Amigo am Bach ein Wasserrad, und vor lauter Freude spielt er jetzt, er sei ein Wasserrad.

So geht es

- Stell dich aufrecht hin.
- Position A):
  Trample jeweils einmal mit dem linken und dem rechten Fuß auf den Boden und sprich dazu: tripp (links), trapp (rechts).
- Position B):
  Dann klatsch zweimal in die Hände und sprich dazu: klipp, klapp.
- Position C):
  Die Handflächen zeigen vor der Brust zueinander, berühren sich aber nicht. Beschreib dann mit der linken Hand einen Kreis links herum – entgegen dem Uhrzeigersinn – und sag dazu: „So dreht –", dann kommt die linke Hand zur Ruhe.
- Nun beschreibst du mit der rechten Hand einen Kreis – rechts herum im Uhrzeigersinn – und sagst dazu: „das Wasserrad".
  (Beide Kreise zusammen ergeben mit etwas Fantasie eine liegende Acht).
- Beide Handflächen zeigen wieder zueinander.
- Nun beginnst du von vorn und wiederholst ein paarmal die Positionen A bis C …

„Tripp-trapp – klipp-klapp – so dreht das Wasserrad."

Wirkung

Durch das Trampeln vermittelt diese Übung das Gefühl, in Kontakt mit dem Boden zu sein, sie wirkt „erdend".

Das „Wasserrad" ist ebenso eine gute Konzentrations- und Koordinationsübung, sie fördert das Gefühl für Rhythmik und die Links-rechts-Koordination.

Straßenschild

„Wohin soll ich nur laufen?"

Amigo schaut ganz verwundert, in welche Richtung das Straßenschild zeigt.

So geht es

- Stell dich aufrecht hin. Balanciere dich gut aus und stehe auf einem Bein. Beug dann das andere Bein nach hinten, den Fuß greifst du mit der seitengleichen Hand.
- Der freie Arm wird nach vorne ausgestreckt und zeigt die Richtung an. Bleib ein paar Sekunden in dieser Stellung.
- Dann wechselst du Arm und Bein, nun wird die andere Seite gedehnt. Bleib wieder ein paar Sekunden in dieser Stellung.
- Anschließend Arme und Beine einmal kräftig ausschütteln.

Achtung

Konzentrier dich bei dieser Übung. Wenn du zu wackelig bist, such dir an der gegenüberliegenden Wand einen Punkt, den du mit deinem Blick fixierst. Versuch, ein paar Sekunden in dieser Stellung zu bleiben. Ist es für dich noch etwas zu schwierig, übe erst einmal, die Balance zu halten, und lehn dich an der Wand an.

Wirkung

Die Übung schult die Konzentration, ist eine tolle Gleichgewichtsübung und gleichzeitig wird die Beinmuskulatur gedehnt und gestärkt.

Flamingo

Amigo kommt aus Spanien, und dort leben auch rosafarbene Flamingos. Das sind ganz lustige Tiere, die aufgrund ihrer Farbe als Gute-Laune-Vögel gelten. Flamingos stehen oft auf einem Bein im Wasser und relaxen oder schlafen. Es schaut dann so aus, als würden sie wie angewurzelt stehen.

So geht es

- Stell dich aufrecht hin und spiel jetzt einen Flamingo, der gerade entspannt im Wasser steht. Balancier dich dazu aus und stell dich auf ein Bein. Beginn mit deinem Lieblingsbein, auf dem du sicher stehen kannst.
- Das andere Bein wird nach hinten angewinkelt. Beim Flamingo sieht es etwas anders aus, da er das Bein in die andere Richtung beugen kann.
- Mit den Händen formst du jetzt den gebogenen Flamingoschnabel.
- Versuche, die Balance für einen Moment zu halten, und wechsle dann die Beinposition.

Wirkung

Der „Flamingo" ist eine gute Balanceübung, die das Gleichgewicht schult und gleichzeitig auch die Konzentration fördert.

Achtung

Führ die Balanceübung bitte in Ruhe und mit voller Konzentration aus. Falls es dir schwer fällt, auf einem Bein zu stehen, taste dich ganz langsam heran. Manchmal ist es hilfreich, den Fuß des anderen Beins erst einmal nur leicht und später etwas höher anzuheben.

Sonne

Amigo liebt die warmen Sonnenstrahlen. Die Sonne scheint und strahlt am blauen Himmel.

So geht es

- Stell dich aufrecht und leicht gegrätscht hin und stell dir dabei vor, du würdest einen großen runden Sonnenball in deinen Armen halten.
- Aus dieser Position lass den Sonnenball wandern – von oben/zur Seite/ nach unten/zur Seite – so dass die Sonne sich in großen Kreisen bewegt. Dehn dazu deinen Oberkörper und die gestreckten Armen so gut wie möglich in alle Bewegungsrichtungen.
- Versuch, die Sonnenkreise immer größer werden zu lassen.
- Die Sonne kreist ein paarmal links und dann ein paarmal rechts herum.

Wirkung

Die Sonnenkreise zu beschreiben ist eine gute Aufwärm- und Dehnübung und tut deiner Wirbelsäule gut.

„Ich bin wie ich bin – genial!"

Amigo möchte jetzt von dir wissen: Was macht dich so einzigartig und genial? Erzähl mir von dir, und überleg dir ein paar Beispiele:

Meine Persönlichkeit:

Meine Fähigkeiten:

Meine Gefühle:

Mein Humor:

Meine Lebenseinstellung:

Meine Träume:

Meine Vorlieben:

Übungen im Sitzen

Die Übungen im Sitzen werden überwiegend im Schneidersitz ausgeführt. Wenn du noch nicht so geübt bist und dir das Sitzen im Schneidersitz schwer fällt, dann gewöhn dich langsam und vorsichtig an diese Sitzposition. Falls es zu anstrengend sein sollte oder du eventuell Probleme mit den Knien hast, darfst du dich auch mit gestreckten, leicht gegrätschten Beinen hinsetzen.

Wie sitzt du eigentlich?

Setz dich nun auf eine weiche Unterlage in den Schneidersitz.

Schließ für einen kurzen Moment die Augen, um wahrzunehmen, wie du sitzt. Scanne mit geschlossenen Augen deinen Körper und überprüf deine Haltung.

Sitzen wie ein Yogi

So geht es

- Setz dich in den Schneidersitz.
- Nimm ein paar lange, tiefe Atemzüge (wenn du magst, darfst du für einen kleinen Moment die Augen schließen).
- Es geht weiter und deine Augen dürfen jetzt wieder geöffnet werden. Wenn es für dich angenehmer ist, kannst du sie geschlossen halten. Tipp: Mit geschlossenen Augen kannst du deinen Körper vielleicht intensiver wahrnehmen.
- Wander mit deiner Aufmerksamkeit zu deinem Steißbein.
- Dann wandert deine Aufmerksamkeit zu deinen beiden Po-Knochen, sie heißen Sitzbeinhöcker.
- Überprüf jetzt, ob deine beiden Po-Knochen gleichmäßig belastet sind, oder ob du dein Gewicht etwas mehr nach links oder rechts verlagert hast.
- Ruckle noch ein paar Mal mit deinem Po und deinem Becken hin und her und versuch, dich gut auszubalancieren. Jetzt hast du eine gute Basis, um dich weiter aufzurichten.
- Nun legst du den Fokus wieder auf dein Steißbein und beginnst, dich Wirbel für Wirbel aufzurichten.

- Deine Aufmerksamkeit wandert Zentimeter für Zentimeter entlang der Wirbelsäule hoch.
- Falls du das Gefühl hast, dass du zu sehr im Hohlkreuz sitzt, richte deinen unteren Rücken auf, indem du dein Becken ein paar Millimeter nach hinten bewegst.
- Beginn jetzt, den mittleren Teil deiner Wirbelsäule Stück für Stück aufzurichten. Es fühlt sich so an, als würde man in die Länge wachsen.
- Dann richte auch deine Brustwirbelsäule auf. Gleichzeitig nimmst du deine Schultern ganz entspannt leicht nach hinten herunter.
  Es fühlt sich so an, als würdest du dich noch etwas mehr aufrichten, und gleichzeitig öffnet sich dein Brustkorb.
- Zuletzt ziehst du dann dein Kinn noch ein paar Millimeter zum Körper heran. Du spürst, wie sich deine Halswirbelsäule sanft dehnt und sich etwas länger anfühlt.

Du spürst jetzt, dass du vom Steißbein bis zum Scheitelpunkt in der Mitte deines Kopfes gut aufgerichtet sitzt.

Jetzt sitzt du wie ein Yogi – aufgerichtet und entspannt.

Übe diese Sitzhaltung so oft es geht, damit du ein gutes Gefühl für die Aufrichtung deiner Wirbelsäule bekommst.
Sitzt du gut aufgerichtet, hast du eine bessere Körperhaltung, und dein Bauchraum ist nicht so „gequetscht" wie beispielsweise bei einer Lümmel-Haltung.
Deine Bauchorgane fühlen sich freier an und können besser arbeiten, und auch die Atmung ist sehr viel tiefer.

Tipp

Probier es gerne einmal aus, in einer nach vorn gebeugten Lümmel-Haltung, in der dein Bauch etwas zusammengedrückt ist, lang und tief in deinen Bauch und deine Lungen zu atmen. Das ist in einer Lümmel-Haltung nämlich nicht möglich.

Ich hoffe, jetzt bist du motiviert, möglichst häufig eine aufrechte Sitzhaltung einzunehmen. **Also sitz lieber entspannt und gut aufgerichtet wie ein Yogi.**

Kreisende Schultern

So geht es

Setz dich in den Schneidersitz und richte deine Wirbelsäule auf, sodass du gut aufgerichtet sitzt.

- Lass zuerst deine linke Schulter ein paarmal nach hinten kreisen. Beginn mit kleineren Kreisen, die dann immer größer werden dürfen.
- Dann kreist deine rechte Schulter nach hinten, beginn ebenfalls mit kleineren Kreisen, die dann immer größer werden dürfen.
- Nun kreisen deine Schultern abwechselnd nach hinten, zuerst die linke Schulter, und wenn der Kreis vollendet ist, darf die rechte Schulter nach hinten kreisen.
- Lass eine gleichmäßig fließende Bewegung daraus entstehen (die Bewegung erinnert an „rückwärts Fahrrad fahren").
- Die Schultern kommen zur Ruhe, und dann lässt du sie noch ein kleines Stückchen tiefer nach hinten unten sinken. Deine Schultern sind jetzt entspannt.

Wirkung

Die Bewegung lockert die Muskulatur im Schulter-/Nackenbereich, öffnet den Brustkorb und vertieft die Atmung, nimmt Spannung aus der Rückenmuskulatur und verbessert die Haltung.

Nach einem stressigen Tag und langem Sitzen ist die Übung eine Wohltat, um die gefühlte Last und Schwere von den Schultern zu nehmen.

Kamelritt

Amigo mag Kamele, weil sie so groß und zugleich so niedlich sind. Und wenn sie kauen, sieht es sehr drollig aus. Er hat im Fernsehen gesehen, dass Menschen auf Kamelen reiten können und wie lustig es ausschaut.

Im Yoga gibt es eine Übung, die an einen Kamelritt erinnert, und darum heißt sie auch so.

So geht es

- Setz dich in den Fersensitz (wie unten auf dem Bild) oder in den Schneidersitz und leg die Hände auf die Knie.
- Bewege dich dann sanft, fließend und gleichmäßig mit deiner Wirbelsäule vor und zurück.
- Wichtig ist, dass du dich nicht mit den Armen nach vorne ziehst – die Arme sind locker und entspannt.
- Position A): Die Brust bzw. das Brustbein wird nach vorne gestreckt, es fühlt sich so an, als würde sich der Brustkorb dabei weit öffnen, die Schultern werden leicht zurück genommen.
- Position B): Schwing sanft nach hinten, möglichst ohne dabei mit den Knien zu schaukeln, dabei wird der Rücken ganz rund. Die Schultern kommen automatisch nach vorne.
- Position A und B werden jetzt fließend in einer gleichmäßigen Bewegung ausgeführt – also immer in Bewegung bleiben – sanft und harmonisch.

Tipp zum Kamelritt

Beginne die Übung im Schneidersitz. Der Fersensitz ist für einige anstrengender, falls die Beinmuskeln nicht gut gedehnt sind.

Wirkung

Die Übung „Kamelritt" ist eine gute Aufwärmübung, sie aktiviert den Energiefluss im ganzen Körper, öffnet den Brustkorb, vertieft die Atmung, unterstützt eine gute Haltung und sorgt für Entspannung der Rückenmuskulatur.

Eule

Amigo geht gerne im Wald spazieren. Der Holzhacker hat so laute Geräusche gemacht, dass einige Vögel aufgeregt umherflattern. Auch die kleine Eule, die hoch oben in einer Fichte sitzt, ist aus ihrem Schlaf aufgewacht. Neugierig, aber total müde blinzelt die Eule mit ihren Augen und schaut Amigo an.

Amigo ist ganz irritiert, denn er erinnert sich, dass Sabina einmal erzählte, dass Eulen nur in der Dämmerung wach werden und dann in der Dunkelheit umherfliegen, um Nahrung zu suchen.

So geht es

- Setz dich in den Schneidersitz - wie ein Yogi. Der Kopf ist aufgerichtet und kippt nicht nach vorne, der Rücken ist möglichst gerade.
- Stell dir vor, du bist jetzt eine Eule: Vorsicht! Bevor du mit der Bewegung startest, lies bitte unten den „Achtung"-Hinweis.
- Position A)
  Die noch ganz verschlafene Eule schaut zur linken Seite, was da wohl los ist. Nun bewege wie die Eule deinen Kopf ganz langsam und sanft (!) zur linken Seite.

Achtung

Bewege deinen Kopf nur so weit zur Seite, wie es dir möglich ist, und heb den Kopf nur sehr vorsichtig, um in den Himmel zu schauen. Es darf sich nicht komisch oder unangenehm anfühlen. Bitte den Kopf niemals kreisen! Wenn sich irgendetwas wie blockiert anfühlt oder wehtut, dann führ die Bewegung noch sanfter aus oder beende die Übung. Der Halsbereich ist sehr empfindlich und verträgt keine ruckartigen Bewegungen.

- Position B)
  Nun schaut die müde Eule nach rechts. Dann bewegst du ebenso sanft und langsam (!) deinen Kopf zur rechten Seite.
- Position A und B)
  Bitte noch zwei Mal ganz langsam und sanft (!) wiederholen.
- Position C)
  Dann schaut die Eule in den Himmel und beobachtet einen Bussard, der dort oben große Kreise zieht.
  Heb nun deinen Kopf ganz langsam und schaue in den Himmel.

- Position D)
  Nun möchte die Eule wissen, warum der Bussard dort oben kreist, und sie schaut nach unten, da raschelt es im Laub. Da ist wohl ein kleines Mäuschen. Senk deinen Kopf langsam und schau zu Boden.
- Position C) und D)
  Bitte noch zwei Mal ganz langsam und sanft (!) wiederholen.

Die Eule hat nun alles beobachtet und ist so hundemüde, dass sie ganz schnell wieder ihre Augen schließt, um weiterzuschlafen.

Wirkung

Die Übung „Eule" lockert ganz sanft die Halsmuskulatur und dehnt ebenso sanft die Halswirbelsäule. Es ist wichtig, möglichst täglich die Halsmuskulatur sanft (!) zu allen Seiten zu dehnen, damit in diesem Bereich Anspannungen und Verspannungen durch eine schlechte Kopfhaltung gelöst werden können (zum Beispiel, wenn du im Alltag oft auf dein Handy schaust oder unbewusst den Kopf nach unten hängen lässt).

Die Halswirbelsäule ist wie eine Energiebrücke, die den Körper und den Kopf miteinander verbindet. Wenn dieser Bereich gut aufgerichtet und wenig angespannt ist, können die Blut- und Lymphzirkulation und auch die Energie der Merdiniane frei fließen, und dadurch fühlt man sich besser. „Meridiane" nennen die Yogis übrigens die Energiebahnen in unserem Körper.

Amigos Wissenstipp

Wenn Schulter-, Nackenmuskulatur oder auch die Halsmuskulatur sehr verspannt sind, dann fühlt es sich so an, als würde man schlechter sehen können oder die Augen fühlen sich müde an und brennen. Das hat zur Folge, dass man sich nicht mehr gut konzentrieren kann.

Löwe

Amigo verwandelt sich gern in andere Tiere. Er liebt die Löwen, weil sie manchmal sehr wild sein können. Außerdem können sie sehr laut brüllen, aber auch sehr sanft und kuschelig sein. Nicht zu vergessen: Löwen sind stolze, imposante Tiere, die sehr mutig sind und es lieben, in der Sonne zu relaxen.

So geht es

- Position A):
  Setz dich in den Fersensitz (wenn es zu anstrengend ist, dann in den Schneidersitz) und stell dir vor, du bist jetzt ein Löwe oder eine Löwin.
- Position B):
  Zeig dich jetzt als stolzer Löwe oder königliche Löwin. Leg dazu die Hände auf die Knie und spiele einen Löwen, der seine Krallen schärft.
- Fühl dich mutig, stolz und energiegeladen und wie ein „König der Tiere" – so wird der Löwe genannt. Bring dies mit deiner ganzen Körperhaltung, Mimik und Gestik zum Ausdruck.

- Position C)
  Deine Hände und Finger sind jetzt die Barthaare des Löwen – leg die Hände dazu ans Gesicht.
- Position D)
  Nun möchte der Löwe seine Stärke und Ausstrahlung demonstrieren. Mach es jetzt genauso: Richte dich auf, stell die Barthaare auf, öffne die Augen weit und deine Zunge darf zum Brüllen aus dem Mund heraushängen.
- Brüll jetzt drei Mal wie ein Löwe – so laut, du kannst!
- Position E)
  Jetzt entspannt sich der Löwe wieder und bewegt seine Barthaare, erst die linke und dann die rechte Seite – es schaut so aus, als ob der Löwe Grimassen schneidet.
  Mach es jetzt genauso, bewege nur deine linke Wange und dann deine rechte Wange.

Wirkung

Die Löwe-Übung baut innere Anspannung und aufgestaute Gefühle, zum Beispiel Aggressionen, ab und löst Verspannungen in der Gesichts-, Kiefer- und Kaumuskulatur. Ebenso wird der Ausdruck (die Löwe-Power) gefördert, und man kann sich mutiger und selbstbewusster fühlen.

Schmetterling

Wenn Amigo im Sommer im Garten liegt, beobachtet er gern die vielen bunten umherflatternden Schmetterlinge.

So geht es

- Position A)
  Der Schmetterling fliegt. Setz dich hin und leg die Fußsohlen aneinander. Zieh die Füße dann so weit zum Körper heran, wie es dir möglich ist. Greif mit deinen Händen die Zehen. Lass dann deine Knie locker auseinanderfallen – so weit, wie es sich gut anfühlt.

Stell dir nun vor, du bist ein wunderschönes „Schmetterlingskind", also ein Kind, das sich in einen Schmetterling verwandelt hat. In deinen Gedanken stellst du dir einen Schmetterling in deinen Lieblingsfarben vor.

Achtung

Bitte achte darauf, dass die Muskulatur zunächst gelockert und erwärmt wird, sonst besteht die Gefahr einer Leistenzerrung.

Wichtig: Jedes Kind kann sich unterschiedlich dehnen. Bei einigen Kindern liegen die Knie fast auf dem Boden, bei anderen zeigen die Knie zur Decke. Mädchen können sich in der Leistengegend oftmals besser dehnen als Jungen.

Falls du diese Übung mit deinen Freunden machst, dann denkt bitte daran, dass ihr euch nicht miteinander vergleicht, sondern dass jeder sich nur so weit dehnen sollte, wie es ihm gut möglich ist.

- Beginn ganz leicht mit deinen Knien zu federn, wie ein flatternder Schmetterling, der durch die Lüfte schwebt und dabei leicht und sorgenfrei wirkt. Fühl dich dabei ganz leicht und schwerelos – fühl dich sorgenfrei!
- Position B)
  Der Schmetterling schlürft Nektar. Durch das Umherflattern ist der Schmetterling ganz durstig geworden. Er landet auf einer wunderschönen Blüte, um den Nektar herauszuschlürfen. Der Schmetterling hat eine lange Zunge - auch Rüssel genannt, die er abrollen kann, um den Nektar aufzusaugen.
  Deine Hände bleiben auf den Zehen, beug dich nun mit dem Oberkörper langsam nach vorne in Richtung Füße und stell dir vor, du würdest jetzt aus der Blüte schlürfen.
- Du darfst dabei auch Schlürfgeräusche machen.
- Position C)
  Richte dich wieder auf und beug dich noch zwei oder drei Mal langsam nach vorne, um den Nektar zu schlürfen. Richte dich zwischendurch immer wieder kurz auf, um dann weiterzuschlürfen.
- Zum Abschluss streckst du ganz langsam die Beine, schüttelst sie kräftig aus und lockerst kreisend deine Füße.

Wirkung

Die Schmetterlingsübung ist eine gute Dehnübung für den unteren Rückenbereich und auch für die Beinmuskulatur. Ebenso werden die Lymphzonen in der Leiste stimuliert und somit die Entgiftung im Körper angeregt. Durch die Dehnung nach vorne, wenn der Schmetterling den Nektar schlürft, wird zusätzlich noch die gesamte Rückenmuskulatur sanft gedehnt.

Tipp
Es ist sehr wichtig, die Rückenmuskulatur regelmäßig zu strecken und zu dehnen, damit sich keine schlimmen Verspannungen aufbauen können.

Male einen Schmetterling in deinen Lieblingsfarben:

Übungen im Vierfüßlerstand

Katz und Kuh

Beim Spaziergang bleibt Amigo gern an der Kuhweide stehen und schaut den Kühen beim Fressen zu. Manchmal heben sie neugierig den Kopf und machen „Muh". Die Kühe bekommen an einigen Tagen Besuch von einer kleinen rot-weißen Katze. Sie sind befreundet, und die Samtpfote tobt mit den Kühen auf der Wiese herum.

So geht es

- Position A)
  Komm in den Vierfüßlerstand und verwandle dich in eine Kuh.
  Setz dazu Hände und Knie auf dem Boden auf. Nun hebst du neugierig, aber nicht zu schnell den Kopf – und sagst „Muh!"
  Der Lendenwirbelsäulenbereich wird dabei leicht durchgebeugt.
- Position B)
  Die kleine rot-weiße Katze macht vor Freude einen Katzenbuckel.
  Bewege jetzt den Kopf zwischen den Armen nach unten.
  Fast automatisch rundet sich der Rücken. Versuch, den Rücken noch ein wenig mehr zu runden, forme einen Katzenbuckel – und sage „Miau!".
- Position A) + B) jetzt zusammen
  Bewege dich jetzt weich und fließend weiter: Katz und Kuh im Wechsel:
  Miau – Muh – Miau – Muh – Miau – Muh!
  Wenn du magst, darfst du auch die Tierlaute „Muh" und „Miau" dazu sprechen, mal laut oder leise – das ist ein wenig lustiger.

Achtung

Bitte achte darauf, dass während der „Katz und Kuh"-Bewegung die Arme ganz gerade bleiben (wie Stahlrohre) und nicht einknicken.

Wirkung

Die „Katz- und Kuh"-Übung fördert die Beweglichkeit der Wirbelsäule und sorgt für einen entspannten Rücken. Durch die Dehnung der Rückenmuskulatur und die Bewegung der Wirbelsäule können sich Anspannungen und Verspannungen lösen. Ebenso werden die Energie-, Nerven- und Lymphbahnen stimuliert. Somit hat die Übung auch eine wohltuende und leicht anregende Entspannung auf alle Bauchorgane und regt den Entgiftungsprozess an.

Die „Katz und Kuh"-Übung ist eine superwertvolle Yogaübung und besonders wohltuend nach langem Sitzen oder bei Anspannung. Wer die Übung ausprobiert hat, wird schnell ein wohliges Gefühl im ganzen Körper spüren. Besonders die Verspannungen im Rücken können wieder gelöst werden, das ist sehr wichtig für die geschmeidige Beweglichkeit der Wirbelsäule und fördert eine gute Haltung.

Tipp

„Katz und Kuh" ist eine wichtige Notfallübung bei Stress, körperlicher Verspannung und seelischer Anspannung. Nicht nur für alle Kinder, sondern auch für Mütter und Väter!

Pinkelnder Amigo

Wenn Amigo viel herumgetobt ist, hat er meist großen Durst. Und kurze Zeit später muss er dann auch schon Pipi machen.

So geht es

- Position A)
  Komm auf alle Viere und spiele jetzt einen Hund. Du darfst hecheln aber auch vor Freude bellen.
- Position B)
  Nun stell dir vor, du bist ein Hundemann, der Pipi machen muss.
- Dazu hebst du ein Bein, winkelst das Knie an und stellst dir vor, der Hund pinkelt jetzt an einen Baum.
- Dreh dich herum und heb das andere Bein und: „Psch-sch-sch" …
  Stell dir vor, der Hund muss noch mehr pinkeln: „Psch-sch-sch-sch…".
- Wiederhol zwei bis drei Mal die Dehnung auf jeder Seite.

Wirkung

Die Übung schult das Gleichgewicht, aktiviert die Rückenmuskulatur und ist eine gute Dehnübung für den Rücken und die Beweglichkeit der Hüfte.

Achtung

Bitte darauf achten, dass die Muskulatur zunächst gelockert und erwärmt wird, sonst besteht die Gefahr einer Leistenzerrung. Bei Rückenproblemen bitte vorsichtig sein und das Bein nicht so hoch heben. Oder die Übung auslassen. Die Beindehnung bitte langsam ausführen!

Hunde-Dreieck

Wenn Amigo von seinem Nickerchen erwacht, dann reckt und streckt er sich erst einmal genussvoll und manchmal gähnt er auch noch dabei.

So geht es

- Komm in den Vierfüßlerstand, drück dich hoch und streck dann den Po langsam in Richtung Himmel hoch. Wichtig ist, dass dein Rücken gerade bleibt. Dein Körper bildet ein gleichschenkliges Dreieck.
- Die Finger sind wie bei einem Gecko gespreizt. Der Nacken ist lang, und du stellst dir vor, dein Kopf würde ganz entspannt hängen.
- Wenn es für deine Beinmuskulatur sehr anstrengend ist, ist es leichter, wenn du nur auf dem Vorderfuß stehst und die Fersen in der Luft sind. Kannst du dich gut dehnen? Dann können die Füße am Boden bleiben.
- Versuch in dieser Yogahaltung entspannt weiter zu atmen und halt den Atem nicht an.
- Bleib am Anfang nur einen kurzen Moment in dieser Dehnungsposition.
- Nach dieser sanften aber intensiven Dehnung kommst du langsam zurück in den Vierfüßlerstand und dann **sofort** in die Babyposition „Kuschelnder Hund" (siehe S. 73 gegenüber).

Wirkung

Diese Übung ist eine gute Dehnübung für den ganzen Körper. Hand- und Armmuskulatur werden gekräftigt, Rücken- und Beinmuskulatur sowie die Achillessehne werden sanft gedehnt, Blut- und Lymphzirkulation werden verbessert.

Diese klassische Yogaübung wird auch bei zu viel Stress und innerer Unruhe empfohlen, da es heißt, dass das Nervensystem durch die Dreieckshaltung wieder in Balance kommen soll.

Achtung

Bitte nicht ausführen bei Problemen mit den Augen, der Halswirbelsäule, den Armen und Händen und bei Bluthochdruck.

Nach dieser Übung bitte **sofort** zur nächsten Position „Kuschelnder Hund" übergehen!

Übungen im Liegen

Kuschelnder Hund

Amigo schläft am allerliebsten in seinem Körbchen. Bevor er sich hinlegt, dreht er sich ein paar Mal im Kreis und rollt sich dann klitzeklein zusammen.

So geht es

- Roll dich zusammen wie ein kleiner Babyhund.
- Leg dich dann in die „Babyposition", so wie es die Yogis machen. Komm dazu zuerst in den Fersensitz und beuge dich nach vorne. Dein Rücken ist nun ganz rund und du legst die Stirn auf den Boden.
- Deine Arme kannst du
  a) gestreckt nach vorne legen,
  b) seitlich neben dich legen oder
  c) du legst die Hände nach vorne und stapelst sie übereinander, dann legst du die Stirn darauf.
- Entspann dich in dieser Haltung einen Moment. Du darfst die Augen schließen.
- Dann rollst du dich ganz langsam mit rundem Rücken Wirbel für Wirbel auf. Mach es wirklich schön langsam und spür dabei genau den Bereich, den du gerade aufrollst. Wenn du schon weit oben angekommen bist, richte deine Schultern und ganz zuletzt den Kopf auf.

Wirkung

Der „kuschelnde Hund" ist eine tolle Übung für eine kurze Zwischenentspannung oder auch als Gegendehnung für anstrengende Rückenübungen. Gleichzeitig wird die Rückenmuskulatur sanft gedehnt und die Gedanken kommen zur Ruhe.

Liegen wie ein Yogi

So geht es

- Leg dich bequem mit dem Rücken auf eine weiche Decke oder Yogamatte. Ruckle ein paar Mal hin und her, sodass dein Rücken bequem liegt. Stell deine Füße auf, deine Arme liegen locker seitlich neben dir.
- Spür jetzt noch einmal achtsam in deinen Körper.
  Wie liegst du am Boden?
- Manchmal zeigt sich im unteren Rücken, im Lendenwirbelsäulenbereich (LWS), wo sich unser „Hohlkreuz" befindet, eine stärke Anspannung. Wenn du noch eine Hand ins Hohlkreuz schieben kannst, ist es sinnvoll, den Lendenwirbelsäulenbereich noch mehr zu entspannen.
- Lenke nun deine Aufmerksamkeit auf den LWS-Bereich und versuche, den unteren Rücken für einen kurzen Moment in die Matte oder Decke zu drücken, damit sich dein Hohlkreuz minimiert, und atme dabei entspannt weiter. Die starke Anspannung kann sich lösen, und dein ganzer Rücken fühlt sich entspannter und lockerer an.
- Versuch, deine Schultern zu entspannen, sie dürfen noch etwas mehr in Richtung Boden sinken.
- Dein Kopf liegt entspannt am Boden, ohne die Halswirbelsäule zu sehr zu strecken.
- Streck jetzt deine Beine aus, die Füße fallen locker auseinander.

Nun liegst du wie ein entspannter Yogi.

Happy Amigo

Wenn Amigo auf dem Rasen liegt und sich so richtig wohl fühlt, wird er manchmal albern. Dann dreht er sich auf den Rücken, streckt die Beine in die Luft und zappelt herum. Das macht ihm großen Spaß.

So geht es

- Leg dich auf den Rücken und streck deine Arme und Beine zur Decke.
- Beginn nun voller Freude mit deinen erhobenen Armen und Beinen herumzuzappeln.
- Dann ziehst du die Knie leicht an und öffnest sie, greifst zwischen den Beinen durch und legst die Hände auf die Fußsohlen.
- Aus dieser Position (jeweils eine Hand liegt auf der Fußsohle – rechte Hand auf rechter Fußsohle, linke Hand auf linker Fußsohle) beginnst du dich nun hin- und herzuschaukeln. Roll dich sanft von links nach rechts.
- Dann löst du die Hände von den Fußsohlen, streckst Arme und Beine in die Luft und zappelst einmal wie der „Happy Amigo" – mit viel Leichtigkeit, Begeisterung und Spaß...
- ...du darfst dabei auch gerne laut lachen oder bellen.

Wirkung

„Happy Amigo" ist eine Spaßübung und bringt neuen Schwung in den Körper. Gleichzeitig wird die Wirbelsäule bewegt und auch die Rücken- und Beinmuskulatur gedehnt. Durch die sanfte Dehnung können sich Spannungen im unteren Rücken auflösen.

Muschel

Amigo liebt das Meer und den weichen Sandstrand. Dort kann er so schön toben, rennen und im Wasser schwimmen. Im Sand befinden sich viele Muscheln, die die Wellen an den Strand gespült haben. Aber auch im seichten Wasser sind viele Muscheln, die sich sogar öffnen und schließen, um Nahrung aus dem Wasser zu filtern.

So geht es

- Stell dir in Gedanken vor, dass du jetzt eine Muschel bist, die geschlossen ist.
- Position A)
  Leg dich in einer bequemen Position auf den Rücken.
  Winkle die Beine an und stell die Füße auf.
- Position B)
  Zur Nahrungsaufnahme öffnet sich nun die Muschel.
  Öffne dich, indem du die Fußsohlen aneinander legst und die Knie sanft auseinanderfallen lässt.
- Zum Schließen der Muschel stellst du die Füße auf den Boden und richtest die Knie wieder auf.
- Wiederhole das Öffnen (Position B) und Schließen (Position A) jeweils fünf Mal.
- Zum Abschluss streckst du langsam die Beine aus und schüttelst sie und den unteren Rücken zur Entspannung.

Achtung

Sanft ausführen! Dehne dich nur so weit, dass es sich in der Leistengegend nicht unangenehm anfühlt.

Wirkung

Diese Übung dehnt die untere Rückenmuskulatur. Der Beckenbereich und die Oberschenkelmuskulatur werden ebenfalls sanft gedehnt und die Lymphzonen in der Leiste werden stimuliert.

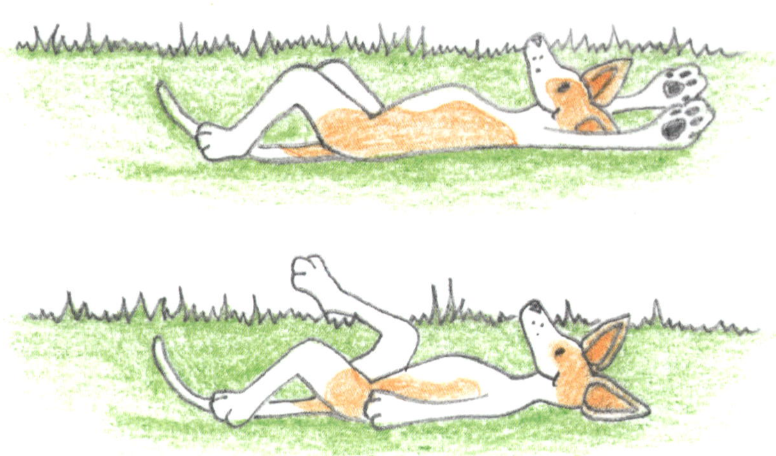

Amigos Yogi-Ruderboot

Die bunten Ruderboote findet Amigo klasse. Wie die Ruderer sich bewegen, beindruckt ihn immer wieder, sodass er es gerne nachahmt und „Amigos Yogi-Ruderboot" spielt.

So geht es

- Position A)

  1) Du liegst auf dem Rücken, deine Handflächen zeigen zum Boden. Nun schwing deine gestreckten Arme nach hinten in Richtung Kopf. Wichtig: Die Handrücken stoppen ein paar Millimeter vor dem Boden.

  2) Dann schwingen die Arme wieder zurück. Wichtig: Die Handflächen stoppen ein paar Millimeter vor dem Boden. Die Arme schwingen ein paarmal vor und zurück.

- Position B)

  1) Leg deine Arme entspannt neben dir ab, zieh ein Knie zum Körper heran und setz dann den Fuß wieder auf. Bitte sanft, und nicht ruckartig ausführen.

  2) Dann geht es abwechselnd weiter – das linke und rechte Knie wird jeweils ein paarmal zum Körper bewegt, den Fuß dabei immer wieder aufsetzen.

- Position C) - Jetzt werden Arme und Beine kombiniert:
  1) Die Arme schwingen nach hinten.
  2) Die Arme schwingen zurück, dabei wird ein Knie zum Körper gezogen.
  3) Die Arme schwingen nach hinten (beide Füße sind jetzt aufgesetzt).
  4) Die Arme schwingen zurück und das andere Knie wird zum Körper herangezogen.
- Die Bewegung von Armen und Beinen geht genauso in diesem 4er-Rhythmus weiter. Du darfst auch gerne das Tempo wechseln: mal schneller oder auch wie in Zeitlupe.

Wirkung

Diese Übung bringt alles ins Fließen, denn der ganze Körper ist in Bewegung, besonders die Rückenmuskulatur, aber auch die Arm-, Bein- und Bauchmuskulatur werden bewegt und gedehnt, Körperspannungen werden abgebaut. Durch diese Bewegung kann „böser" Stress aufgelöst werden, und man fühlt sich wieder besser.

Das „Yogi-Ruderboot" ist eine superwichtige Übung, um körperliche und seelische Spannungen abzubauen.

Tagsüber kannst du mithilfe dieser Übung Rückenverspannungen auflösen, und am Abend kann die Übung hilfreich sein, das sogenannte „Gedankenkarussell" aufzulösen. Das „Gedankenkarussell" wird so genannt, weil die Gedanken im Kopf kreisen und kreisen und einen so beschäftigen, dass man sich nicht entspannen kann und nicht zur Ruhe kommt.

Elterninfo

Bei dieser Yogaübung ist der ganze Körper in Bewegung und alles wird angeregt - insbesondere der Energiefluss. Die gesamte Rückenmuskulatur inkl. Psoas-Muskel wird sanft und intensiv gedehnt. Der große Lendenmuskel (Musculus psoas major) reagiert sehr empfindlich auf Stress, und es heißt, von ihm hänge das körperliche Wohlbefinden ab. Es ist also entscheidend, ob der Muskel entspannt und beweglich oder angespannt und starr ist.

Das Gedankenkarussell

Amigo möchte von dir wissen, ob du auch so ein Gedankenkarussell kennst?

Wann kreist dein Gedankenkarussell?

Welche Gedanken beschäftigen dich dann sehr?

Wir spielen Yoga!

Amigo möchte dir jetzt zwei Yoga-Abenteuer vorstellen und dich einladen, mit ihm eine kleine Reise zu machen. Mach die Übungen mit, denn gemeinsam könnt ihr nun „Amigo-Yoga" spielen!

Begleite Amigo bei seinen Yoga-Abenteuern

Du hast jetzt schon viele Yogaübungen für Kids und Teens kennengelernt, die zuvor ausführlich erklärt wurden. Nun folgen zwei Yoga-Abenteuer mit Übungen, die hier noch einmal mit Anleitung in Kurzform beschrieben sind.

Es kommt ganz besonders darauf an, die „**Achtung-Hinweise**" in den beiden nachfolgenden Yoga-Abenteuern zu befolgen. Sie verweisen auch auf die ausführlichen „**Achtung-Kästen**" in den Übungsbeschreibungen im vorigen Kapitel „Amigos Lieblings-Kinderyogaübungen".

Wichtig ist auch, dass du die Kinderyogaübungen vorher in der ausführlichen Beschreibung gut durchgelesen und die Bewegungsabläufe verstanden hast. Falls du dir unsicher bist, lies es dir bitte lieber noch ein zweites Mal durch, oder du schaust dir die Übungen noch einmal mit deiner Mutter oder deinem Vater an.

- Du kannst die Übungen sehr gut allein ausführen.
- Du kannst die Übungen aber auch mit Geschwistern oder Freunden machen, gemeinsam macht es meistens mehr Spaß.
- Du kannst dir die Kinderyoga-Übungsreihe von deiner Mutter oder deinem Vater vorlesen lassen, und ihr macht die Übungen dann gemeinsam. Alle dürfen „Amigo-Yoga" spielen.

Sabina wird dir die Abenteuer erzählen. Du kannst sie dir durchlesen und dann spielerisch die Übungen machen. Die kleinen Bilder helfen dir, dich an die jeweiligen Yogapositionen zu erinnern.

Am Ende der Übungen findest du noch Hinweise zur Körperwahrnehmung und zum Nachspüren.

1. Abenteuer: Ausflug nach Utopia

Amigo liegt gerne im Garten auf dem weichen grünen Rasen. Während die Sonnenstrahlen zart auf seinen Körper scheinen, reist er in seinen Gedanken in eine wunderbare Fantasiewelt.

Amigo liebt es, in Gedanken nach Utopia, dem Land der grenzenlosen Fantasie zu reisen. Er stellt sich dann die allertollsten Sachen vor ...

Los geht`s – auf nach Utopia!

Amigos Warm-Up-Hundetanz

Amigo spürt in sich eine Unruhe, etwas Unbehagen, und sein Rücken fühlt sich irgendwie verspannt an. Konzentrieren kann er sich auch gerade nicht, weil er sich müde und schlapp fühlt.

Da hilft nur eins: sich bewegen und die innere Anspannung abbauen. Das geht am allerbesten mit dem „Amigo-Warm-Up-Hundetanz! Yeah!

Und los geht's – jetzt darfst du loslegen ...

So geht es

Stell dich aufrecht hin, und dann bewegen sich jeweils ein Arm und das gegenüberliegende Bein. Deshalb heißt die Übung auch Überkreuzübung oder Cross-Crawl.

Variante 1

- A) Der angewinkelte Arm bzw. der linke Ellenbogen wird zum angehobenen gegenüberliegenden rechten Knie geführt. Ellenbogen und Knie dürfen sich berühren.
- B) Dann wird der rechte Ellenbogen zum gegenüberliegenden linken Knie geführt.
- Abwechselnd und immer über Kreuz geht es mit Schwung weiter, mach die Bewegung „Amigo-Warm-Up-Hundetanz", bis dir richtig gut warm geworden ist.
- Wenn du die Abwechslung liebst, darfst du jetzt die zwei folgenden Varianten ausprobieren.

Variante 2

- A) Der rechte Arm wird nach oben gestreckt, dazu wird das linke Knie angehoben.
- B) Dann wird der linke Arm nach oben gestreckt und dazu das rechte Knie angehoben.
- Danach geht es mit Schwung – Bewegung A + B – weiter (ca. 1 bis 2 Minuten).

Variante 3

- A) Die linke Hand und der rechte Fuß werden hinter dem Rücken zusammengeführt.
- B) Und dann die rechte Hand und den linken Fuß hinter dem Rücken zusammenführen.
- Und jetzt richtig mit Schwung A – B – A – B (ca. 1 bis 2 Minuten). Die Bewegung erinnert an einen Schuhplattler (das ist ein bayerischer Tanz).
- Jetzt müsste dir auch so richtig warm geworden sein, oder?

Nun stehst du wieder und spürst achtsam nach, wie sich dein Körper anfühlt. Spürst du die Wärme und das Pulsieren in dir?

Nimm ein paar lange, tiefe Atemzüge, entspann dich einen Moment, und dann wird dein Herzschlag auch wieder ruhig und gleichmäßig.

Flügelschlagen

In Utopia gibt es wundervolle exotische Tiere. Sie sind viel größer und sehr viel farbenfroher, als wir sie sonst kennen. Amigo liebt besonders die bunten Vögel mit ihren schillernden Federn.

Er stellt sich oftmals vor, er wäre ein bunter Vogel, und dann spielt er Umherfliegen.

Du darfst jetzt mitfliegen!

So geht es

- Stell dich aufrecht und leicht gegrätscht hin.
- Position A)
  Streck die Arme nach vorne aus, die Handinnenflächen werden aneinander gelegt.
- Position B)
  Du schwingst die Arme gerade nach hinten und versuchst, die Handflächen hinter dem Körper zusammenzubringen. Das klappt nicht immer gleich auf Anhieb, aber „Übung macht den Meister oder die Meisterin".
- Die Hände werden mit Schwung vorne und hinten zusammengeführt, aber dabei nicht in die Hände klatschen, die Handflächen sollen sich nur berühren.
- Mach diese schwungvolle Bewegung für eine Weile (ca. 1 bis 2 Minuten).

Nun bleib ruhig stehen und spür achtsam nach, wie sich dein Körper jetzt anfühlt – so als würde sich alles ganz warm und pulsierend anfühlen.

Nimm ein paar lange, tiefe Atemzüge, entspann dich für einen Moment und dann wird dein Herzschlag auch wieder ruhig und gleichmäßig. Dein Brustkorb fühlt sich jetzt ganz weit an, und deine Schultern stehen tiefer und fühlen sich entspannter an.

Bambus

In Utopia wachsen viele verschiedene Bambusarten, kleine und ganz riesengroße. Alle Arten haben zarte Blätter und sind sehr beweglich. Amigo ist immer ganz verzückt, wenn er die filigranen Blätter beobachtet, die sich sanft im Wind bewegen.

Amigo mag die feinen Bewegungen des Bambus und ahmt sie gerne nach. Er fühlt sich wie ein Bambus, gut verwurzelt und robust, aber auch sehr beweglich und flexibel.

Nun bist du an der Reihe, sei ein Bambus!

So geht es

- Stell dich aufrecht hin. Deine Arme hängen entspannt an der Körperseite. Stell dir vor, du bist jetzt ein Bambus – gut verwurzelt und sehr beweglich.
- Bewege dich mit deinem ganzen Körper, wie ein Bambus, der vom Wind sanft hin und her gewiegt wird.
- Dein Körper schwingt ganz locker und weich in alle möglichen Bewegungsrichtungen (nach vorne, nach hinten, nach links, nach rechts, diagonal und auch kreisend), ohne dabei aus der Balance zu kommen.
- Wieg dich in alle Richtungen und probier nun einmal aus, wie weit du dich in die Bewegungsrichtung biegen kannst, ohne dass du das Gleichgewicht und deine Füße den Bodenkontakt verlieren.

Du kannst die Übung mit geöffneten Augen machen und auch einmal ausprobieren, wie es sich anfühlt, wenn du die Augen dabei schließt.

Nun beende die Übung und steh wieder gut aufgerichtet und zentriert. Spür achtsam nach, wie sich dein Körper jetzt anfühlt – alles fühlt sich lebendig und fließend an.

Flamingo

Amigo liebt Flamingos. Er kennt sie aus Spanien. Dort sind sie rosa und die Flamingos in Utopia sind schrill Pink. Es sind ganz lustige Tiere, die aufgrund ihrer Farbe als Gute-Laune-Vögel gelten. Die pinkfarbenen Flamingos haben gerade Relax-Zeit – sie stehen im seichten Wasser auf einem Bein und schlafen.

Verwandle dich jetzt in einen Flamingo!

So geht es

- Stell dich aufrecht hin und spiel jetzt einen Flamingo, der gerade entspannt im Wasser steht. Balancier dich dazu aus und stell dich auf ein Bein. Beginn mit deinem Lieblingsbein, auf dem du sicher stehen kannst. Das andere Bein wird nach hinten angewinkelt.
  Beim Flamingo sieht es etwas anders aus, da er das Bein in die andere Richtung beugen kann.
- Mit den Händen formst du jetzt den gebogenen Flamingoschnabel.
- Versuch, gut die Balance für einen Moment zu halten und wechsle dann auf das andere Bein.
- Schüttle anschließend deine Arme und Beine aus – und es geht gleich weiter mit der nächsten Übung …

Löwe

In Utopia gibt es natürlich auch Amigos Lieblingstiere, die Löwen. Nur viel größer und imposanter. Amigo verwandelt sich gerne in einen Löwen, weil die Tiere so mutig, stolz, wild, kraftvoll, aber auch sanft und kuschelig sind. Und er mag sie, weil sie gut relaxen, aber auch wild losbrüllen können. Das kann Amigo nämlich auch gut.

Du darfst jetzt auch einen Löwen spielen!

So geht es

- Setz dich in den Fersensitz (wenn es zu anstrengend ist, dann in den Schneidersitz) und stell dir vor, du bist jetzt ein Löwe oder eine Löwin.
- Zeig dich jetzt als stolzer Löwe oder königliche Löwin. Leg dazu die Hände auf die Knie und spiele einen Löwen, der seine Krallen schärft.
- Fühl dich mutig, stolz und energiegeladen und wie ein „König der Tiere" – so wird der Löwe auch genannt. Bring dies mit deiner ganzen Körperhaltung, Mimik und Gestik zum Ausdruck.
- Deine Hände und Finger sind jetzt die Barthaare des Löwen – leg die Hände dazu ans Gesicht.
- Nun möchte der Löwe seine Stärke und Ausstrahlung demonstrieren. Mach es jetzt genauso: Richte dich auf, stell die Barthaare auf, öffne die Augen weit, deine Zunge darf zum Brüllen aus dem Mund heraushängen. Jetzt brüllst du dreimal wie ein Löwe – so laut, du kannst!
- Jetzt entspannt sich der Löwe wieder und bewegt seine Barthaare, erst die linke und dann die rechte Seite – es sieht so aus, als ob der Löwe Grimassen schneidet. Mach es genauso, bewege erst nur die linke und dann deine rechte Wange.

Na, du kleiner stolzer Löwe oder du königliche Löwin, wie war die Übung für dich? Wie fühlst du dich jetzt? Spür noch einmal achtsam, wie sich dein Gesicht und besonders deine Wangen und dein Mund anfühlen? Spürst du in deinem Gesicht eine wohlige Wärme?

Wasserrad

Ein großer Fluss schlängelt sich durch Utopia, von dem sich viele kleinere Flüsse und Bächlein abzweigen. In einem kleinen, bunt angemalten Häuschen wohnt der Zwerg Shanu. Shanu und Amigo sind Freunde. Wenn er aus dem Häuschen rausschaut, sieht er ein Wasserrad. Das findet Amigo so genial und lustig, dass er gerne „Wasserrad" spielt.

Spiel jetzt Wasserrad!

So geht es

- Stell dich aufrecht hin.
- Position A)
  Trample jeweils einmal mit dem linken und dem rechten Fuß auf den Boden und sprich dazu: trip (links), trap (rechts).
- Position B)
  Dann klatsch zweimal in die Hände und sprich dazu: klipp, klapp.
- Die Hände zeigen vor der Brust zueinander, berühren sich aber nicht.
- Position C)
  Beginn dann, mit der linken Hand einen Kreis links herum – entgegen dem Uhrzeigersinn – zu beschreiben, und sprich dazu:
  „So dreht ...", dann kommt die linke Hand zur Ruhe.
- Dann beschreibst du mit der rechten Hand einen Kreis – rechts herum im Uhrzeigersinn – und sagst dazu: „...das Wasserrad".
  (Beide Kreise ergeben zusammen mit etwas Fantasie eine liegende Acht.)
- Beide Handflächen zeigen nun wieder zueinander.
- Nun beginnst du von vorn und wiederholst ein paarmal Position A bis C
  „Tripp-trapp – klipp-klapp – so dreht das Wasserrad."

Stell dich ganz entspannt hin und nimm ein paar lange, tiefe Atemzüge. Leg dich anschließend auf den Rücken, es geht mit der nächsten Übung weiter.

Muschel

Utopia liegt direkt am Meer. Dort gibt es einen wunderschönen Strand mit großen Palmen. Das Wasser ist ganz seicht und warm – die kleinen Seesterne und ganz viele verschiedene schillernde Muscheln sind zu sehen. Amigo fühlt sich am Strand in seinem Element – er kann rennen, herumtoben, schwimmen und die Muscheln bewundern. Einige Muscheln im Wasser sind in Bewegung, sie öffnen und schließen sich, um die Nahrung aus dem Wasser zu filtern.

Du darfst jetzt spielen, du seist eine schöne Muschel.

Achtung: Sanft ausführen und nicht überdehnen (siehe auch S. 77)!

So geht es

- Stell dir in Gedanken vor, dass du jetzt eine geschlossene Muschel bist.
- Position A):
  Leg dich bequem auf den Rücken.
  Winkle die Beine an und stell die Füße auf.
- Position B):
  Zur Nahrungsaufnahme öffnet sich die Muschel. Öffne dich, indem du die Fußsohlen aneinander legst und die Knie sanft auseinanderfallen lässt.
- Zum Schließen der Muschel stellst du die Füße auf und richtest die Knie wieder auf.
- Wiederhole das Öffnen (Position B) und Schließen (Position A) jeweils fünf Mal.
- Zum Abschluss streckst du langsam die Beine und schüttelst sie aus, dabei bewegst du sanft den unteren Rücken.

Entspann dich für einen Moment im Liegen und spür in deinen Körper hinein. Wo spürst du eine Wärme oder ein angenehmes Gefühl?

Amigos Yogi-Ruderboot

Auf dem Meer beobachtet Amigo gern die kleinen Boote. Die meisten Utopianer besitzen kleine Ruderboote, die sie in türkisblau, mint, gelb, pink, orange oder rot angemalt haben.

Rudern bringt den Körper wieder in Schwung – also ruder jetzt los!

So geht es

- Position A)

  1) Du liegst auf dem Rücken, deine Handflächen zeigen zum Boden. Nun schwing deine gestreckten Arme nach hinten in Richtung Kopf. Wichtig: Die Handrücken stoppen ein paar Millimeter vor dem Boden.

  2) Dann schwingen die Arme wieder zurück.
  Wichtig: Die Handflächen stoppen ein paar Millimeter vor dem Boden. Die Arme schwingen ein paarmal vor und zurück.

- Position B)

  1) Leg deine Arme entspannt neben dir ab, zieh ein Knie zum Körper heran und setze dann den Fuß wieder auf.
  Bitte sanft, und nicht ruckartig ausführen.

  2) Dann geht es abwechselnd weiter: Bewege das linke und rechte Knie jeweils ein paarmal zum Körper, den Fuß dabei immer wieder aufsetzen.

- Position C) - Jetzt werden Arme und Beine kombiniert:

  1) Die Arme schwingen nach hinten.

  2) Die Arme schwingen zurück, dabei wird ein Knie zum Körper gezogen.

  3) Die Arme schwingen nach hinten (beide Füße sind jetzt aufgesetzt).

  4) Die Arme schwingen zurück und das andere Knie wird zum Körper herangezogen.

- Die Bewegung von Armen und Beinen geht genauso in diesem 4er-Rhythmus weiter. Du darfst auch gerne das Tempo wechseln: mal schneller oder auch wie in Zeitlupe.

- Anschließend streckst du beide Beine aus und legst die Arme seitlich neben deinen Körper.

Spüre jetzt in jeden Bereich deines Körpers hinein. Wie fühlt sich alles an? Fühlst du ein inneres Pulsieren oder ein warmes Strömen in deinem Körper?

Nimm ein paar lange, tiefe Atemzüge und entspanne dich für einen Moment.

Kamelritt

Amigo mag Kamele, weil sie so groß sind und immer so lustig kauen. In Utopia gibt es viele Kamele, sogar weiße. Neben den Pferden und Eseln reiten die Menschen hier auf Kamelen.

Amigo spielt den „Kamelritt", mach mit!

So geht es

- Setz dich in den Fersensitz (wie unten auf dem Bild) oder in den Schneidersitz und leg die Hände auf die Knie.
- Bewege dich dann sanft, fließend und gleichmäßig mit deiner Wirbelsäule vor und zurück.
- Wichtig ist, dass du dich nicht mit den Armen nach vorne ziehst – die Arme sind locker und entspannt.
- Position A): Die Brust bzw. das Brustbein wird nach vorne gestreckt, es fühlt sich so an, als würde sich der Brustkorb dabei weit öffnen, die Schultern werden leicht zurück genommen.
- Position B): Schwing sanft nach hinten, möglichst ohne dabei mit den Knien zu schaukeln, dabei wird der Rücken ganz rund. Die Schultern kommen automatisch nach vorne.
- Position A und B werden jetzt fließend in einer gleichmäßigen Bewegung ausgeführt – also immer in Bewegung bleiben – sanft und harmonisch.

Wie fühlen sich dein Brustkorb und dein Rücken an? Nimm ein paar lange, tiefe Atemzüge, bevor es weitergeht.

Kreisende Schultern

Wenn Amigo in Utopia im Garten liegt, beobachtet er gern die bunten, kleinen Windräder, und dann spielt er gerne „Kleines Windrad", indem er die Schultern kreisend bewegt.

Spiele „Kleines Windrad"!

So geht es

- Setz dich in den Schneidersitz und richte deine Wirbelsäule auf, sodass du gut aufgerichtet sitzt.
- Lass zuerst deine linke Schulter ein paarmal nach hinten kreisen. Beginn mit kleineren Kreisen, die dann immer größer werden dürfen.
- Dann kreist deine rechte Schulter nach hinten, beginn ebenfalls mit kleineren Kreisen, die dann immer größer werden dürfen.
- Nun kreisen deine Schultern abwechselnd nach hinten, zuerst die linke Schulter, und wenn der Kreis vollendet ist, darf die rechte Schulter nach hinten kreisen.
- Lass eine gleichmäßig fließende Bewegung daraus entstehen (die Bewegung erinnert an „rückwärts Fahrrad fahren").
- Die Schultern kommen wieder zur Ruhe und dann lässt du sie noch ein kleines Stückchen tiefer nach hinten unten sinken. Deine Schultern sind jetzt entspannt.

Nimm wahr, wie tief und entspannt deine Schultern jetzt sind. Und spür die wohlige Wärme in deinem Schulter-Nackenbereich.

Hunde-Dreieck

Die Yogaübung „Herabschauender Hund" findet Amigo geradezu genial. Er findet die Übung easy-peasy und liebt die Dehnung der Muskulatur am ganzen Körper. Anschließend fühlt er sich wieder total fit.

Mach mit beim „Hunde-Dreieck"!

Achtung: Bitte nicht ausführen bei Problemen mit den Augen, der Halswirbelsäule, den Armen und Händen und bei Bluthochdruck (siehe auch S. 72)!

So geht es

- Komm in den Vierfüßlerstand, drück dich hoch und streck dann den Po langsam in Richtung Himmel hoch. Wichtig ist, dass dein Rücken gerade bleibt. Dein Körper bildet ein gleichschenkliges Dreieck.
- Die Finger sind wie bei einem Gecko gespreizt.
- Der Nacken ist lang, und du stellst dir vor, dein Kopf würde ganz entspannt hängen.
- Wenn es für deine Beinmuskulatur sehr anstrengend ist, ist es leichter, wenn du nur auf dem Vorderfuß stehst und die Fersen in der Luft sind.
- Kannst du dich gut dehnen, dann können die Füße am Boden bleiben.
- Versuche in dieser Yogahaltung entspannt weiter zu atmen und halte den Atem nicht an.
- Bleibe am Anfang nur einen kurzen Moment in dieser Dehnungsposition.

Wichtig

Nach dieser sanften aber intensiven Dehnung kommst du langsam zurück in den Vierfüßlerstand und gehst dann **sofort** in die Babyposition (die nachfolgende Übung mit dem Namen „Kuschelzeit" auf S. 94).

Kuschelzeit (kuschelnder Hund)

Amigo kann sich in seinem Körbchen ganz klein zusammenrollen. Dann fühlt er sich richtig wohl und kann sich gut entspannen.

Kuschel mit!

So geht es

- Roll dich zusammen wie ein kleiner Babyhund.
- Leg dich dann in die „Babyposition", so wie es die Yogis machen. Komm dazu zuerst in den Fersensitz und beug dich nach vorne. Dein Rücken ist nun ganz rund und du legst die Stirn auf den Boden.
- Deine Arme kannst du
  A) gestreckt nach vorne legen,
  B) seitlich neben dich legen, oder
  C) die Hände vorne ablegen und sie übereinander stapeln, dann legst du die Stirn darauf.
- Entspann dich einen Moment in dieser Haltung und versuch, lang und tief zu atmen. Die Augen darfst du schließen.
- Dann rollst du dich ganz langsam mit rundem Rücken Wirbel für Wirbel auf. Mach es wirklich schön langsam und spür dabei genau in den Bereich, wo du dich gerade aufrollst.
- Wenn du schon weit oben angekommen bist, richte deine Schultern und ganz zuletzt den Kopf auf.

Nun ist es Zeit, wieder aus Utopia zurückzureisen.

Leg dich für eine Entspannungszeit einen Moment hin und stelle dir die Reise nach Utopia noch einmal gedanklich vor.

Wenn du Lust dazu hast, darfst du hier ein Bild von deinem Utopia – deiner Fantasiewelt – malen.

Wie stellst du dir dein Utopia vor?

Tipp

Nach jeder Kinderyogaübungseinheit ist eine anschließende Entspannungszeit sehr wichtig. Auf Seite 110 findest du eine Entspannungsgeschichte zum Vorlesen oder Selberlesen.

2. Abenteuer: Ein Erlebnistag

Amigo liebt den Sommer, das liegt vielleicht daran, dass er in Spanien geboren wurde. Hier in Deutschland ist es nicht ganz so warm wie dort, aber sobald die Sonne scheint, liegt er gern auf dem Rasen und genießt die Entspannungszeit. Einfach mal nichts zu tun und nur den zwitschernden Vögeln und den surrenden Bienen zuzuhören. Nach einer Entspannungspause liebt er seine täglichen „Abenteuer-Entdeckungstouren" in der Natur, um alles zu erschnüffeln und tolle Dinge zu sehen. Er findet, dass das Leben wie ein spannendes Abenteuer ist – und er täglich immer wieder neue Dinge und kleine Wunder entdecken kann.

Amigos Warm-Up-Hundetanz

Amigo spürt eine Unruhe in sich, ein Unbehagen, und sein Rücken fühlt sich irgendwie verspannt an. Und konzentrieren kann er sich auch gerade nicht, weil er sich so müde und schlapp fühlt. Da hilft nur eins, sich bewegen und die innere Anspannung abbauen. Das geht am allerbesten mit dem „Amigo-Warm-Up-Hundetanz! Yeah!

Und los geht's – mach mit!

So geht es

Stell dich aufrecht hin, und dann bewegen sich jeweils ein Arm und das gegenüberliegende Bein. Deshalb heißt die Übung auch Überkreuzübung oder Cross-Crawl.

Variante 1

- A) Der angewinkelte Arm bzw. der linke Ellenbogen wird zum angehobenen gegenüberliegenden rechten Knie geführt. Ellenbogen und Knie dürfen sich berühren.
- B) Dann wird der rechte Ellenbogen zum gegenüberliegenden linken Knie geführt.
- Abwechselnd und immer über Kreuz geht es mit Schwung weiter, mach die Bewegung „Amigo-Warm-Up-Hundetanz", bis dir richtig gut warm geworden ist.
- Wenn du die Abwechslung liebst, darfst du jetzt die zwei folgenden Varianten ausprobieren.

Variante 2

- A) Der rechte Arm wird nach oben gestreckt, dazu wird das linke Knie angehoben.
- B) Dann wird der linke Arm nach oben gestreckt und dazu das rechte Knie angehoben.
- Danach geht es mit Schwung – Bewegung A + B – weiter (ca. 1 bis 2 Minuten).

Variante 3

- A) Die linke Hand und der rechte Fuß werden hinter dem Rücken zusammengeführt.
- B) Und dann die rechte Hand und den linken Fuß hinter dem Rücken zusammenführen.
- Und jetzt richtig mit Schwung A – B – A – B (ca. 1 bis 2 Minuten). Die Bewegung erinnert an einen Schuhplattler (das ist ein bayerischer Tanz).

Jetzt müsste dir auch so richtig warm geworden sein, oder?

Nun stehst du wieder und spürst achtsam nach, wie sich dein Körper anfühlt. Spürst du die Wärme und das Pulsieren in dir?

Nimm ein paar lange, tiefe Atemzüge, entspann dich einen Moment, und dann wird dein Herzschlag auch wieder ruhig und gleichmäßig.

Flügelschlagen

Amigo beobachtet beim Spaziergang immer die Vögel. Er liebt die kleinen frechen Spatzen, die Amseln und die Finken. Aber auch die Bussarde. Er schaut gerne zu, wie sie spielerisch und mit großer Leichtigkeit im Gleitflut über die Felder fliegen und wäre manchmal auch gern ein Vogel, der fliegen kann. Darum spielt er gerne „fliegender Vogel".

Du darfst jetzt mit Amigo mitfliegen.

So geht es

- Stell dich aufrecht und leicht gegrätscht hin.
- Position A)
  Streck die Arme nach vorne aus, die Handinnenflächen werden aneinander gelegt.
- Position B)
  Du schwingst die Arme gerade nach hinten und versuchst, die Handflächen hinter dem Körper zusammenzubringen. Das klappt nicht immer gleich auf Anhieb, aber „Übung macht den Meister oder die Meisterin".
- Die Hände werden mit Schwung vorne und hinten zusammengeführt, aber dabei nicht in die Hände klatschen, die Handflächen sollen sich nur berühren.
- Mach diese schwungvolle Bewegung für eine Weile (ca. 1 bis 2 Minuten).

Nun bleib ruhig stehen und spür achtsam nach, wie sich dein Körper jetzt anfühlt – so als würde sich alles ganz warm und pulsierend anfühlen.

Nimm ein paar lange, tiefe Atemzüge, entspann dich für einen Moment und dann wird dein Herzschlag auch wieder ruhig und gleichmäßig. Dein Brustkorb fühlt sich jetzt ganz weit an, und deine Schultern stehen tiefer und fühlen sich entspannter an.

Sonne

Die Sonne scheint und strahlt am blauen Himmel, nur ein paar weiße Wölkchen sind zu sehen. Amigo liebt die wärmenden Sonnenstrahlen, die zart auf seinen Körper fallen. Tage, an denen die Sonne scheint, sind Amigos Lieblingstage.

Lass auch du jetzt die Sonne scheinen!

So geht es

- Stell dich aufrecht und leicht gegrätscht hin und stell dir dabei vor, du würdest einen großen runden Sonnenball in deinen Armen halten.
- Aus dieser Position lass den Sonnenball wandern – von oben/zur Seite/ nach unten/zur Seite – so dass die Sonne sich in großen Kreisen bewegt. Dehn dazu deinen Oberkörper und die gestreckten Armen so gut wie möglich in alle Bewegungsrichtungen.
- Versuch, die Sonnenkreise immer größer werden zu lassen.
- Die Sonne kreist ein paarmal links und dann ein paarmal rechts herum.

Komm wieder zum Stehen, entspanne dich und spüre nach, wie sich dein Körper jetzt anfühlt. Alles sollte sich jetzt warm, gedehnt und locker anfühlen.

Amigo rennt zu den Bäumen, wo es gleich mit der nächsten Übung weiter geht.

Baum

Amigo liebt Waldspaziergänge, weil es hier so herrlich grün ist und so schön duftet. Der Geruch des Waldes ist etwas Besonderes, aber Amigo findet auch die vielen unterschiedlichen Gerüche, besonders die der Tierspuren, sehr spannend. Und er liebt die großen Tannen und uralten Eichen und Buchen mit ihren mächtigen Baumkronen. Die Bäume haben tiefe Wurzeln, mit denen sie ihre Nahrung aus der Erde saugen. Außerdem sind sie durch ihre starken Wurzeln sehr standfest und gut verwurzelt.

Sei du jetzt ein mächtiger Baum!

So geht es

- Stell dir jetzt vor, dass du dich in einen uralten mächtigen Baum verwandelst. Dazu stellst du dich erst einmal entspannt hin. Wander mit deiner Aufmerksamkeit zu deinen Füßen und lass in Gedanken sehr lange, tiefe Wurzeln aus deinen Füßen in den Erdboden wachsen.
- Du bist jetzt gut verwurzelt, denn die Wurzeln geben dir Sicherheit und Standfestigkeit – nichts kann dich umwerfen.
- Dein Körper bildet den dicken Baumstamm, der ganz gerade ist.
  Heb dann die Arme in den Himmel, sie formen die Baumkrone mit den vielen grünen Blättern.
- Nun bist du in Gedanken ein wunderschöner, kräftiger Baum.
- Steh jetzt da wie ein Baum und denke an deinen Lieblingsbaum, den du aus dem Garten oder einem Park kennst.
- Ein laues Sommerlüftchen zieht auf und bewegt die Baumkrone mit den Ästen und Blättern zart. Wiege dich nun sanft hin und her.
  Wiege dich in alle Richtungen – nach vorne, nach hinten, zu den Seiten, auch schräg nach vorne und nach hinten.
- Auf einmal wird es dunkel und ein Sturm zieht auf. Der Baum wird kräftig durchgeschüttelt, und die Baumkrone bewegt sich hin und her.

- Deine Füße fühlen sich gut verwurzelt an, sodass du nicht umfallen kannst – aber der obere Teil des Baumes und die Baumkrone bewegen sich im Sturm.
- Bewege dich jetzt kräftig in alle Richtungen. Wenn du möchtest, darfst du dazu leichte Wind- oder laute Sturmgeräusche machen, Zisch- und Heullaute.
- Dann zieht der Sturm weiter, der Wind legt sich, und alles kommt wieder zur Ruhe.

Du stehst nun wieder aufgerichtet und gut verwurzelt wie dein Lieblingsbaum und darfst noch einen Moment nachspüren.

Wie stehst du? Wie fühlt sich dein Körper an?

Holzhacker

Im Wald liegen oft abgeknickte Bäume kreuz und quer herum, die beim Sturm umgefallen sind. Amigo liebt es, über die Baumstämme zu springen oder darauf zu balancieren. Natürlich müssen die umgekippten Bäume aus dem Weg geräumt werden. Das macht der Holzhacker mit seiner Axt, er hat seine liebe Mühe, all die langen und oft sehr dicken Baumstämme klein zu hacken. Das kann ganz schön anstrengend sein, dazu braucht der Holzhacker viel Kraft.

Viel Spaß beim Hacken!

So geht es

- Stell dich aufrecht und sicher hin, am besten leicht gegrätscht. Die Füße stehen schulterbreit auseinander. Du spielst jetzt, du wärst ein Holzhacker, der einen Stapel Holz klein hacken möchte.
- Verschränk die Finger ineinander, konzentrier dich und sammle deine Kraft.
- Richte dich auf, hebe die Arme, und dann geht es mit Schwung los: Lass deine erhobenen Arme und den Oberkörper mit voller Energie schwingen und stell dir vor, du würdest mit einer Axt den Baumstamm mit vollem Körpereinsatz klein hacken.
- Das machst du drei Mal mit voller Wucht – und mache dazu ein megalautes Hackgeräusch: „Hack, hack, hack".
- Sei nicht zurückhaltend oder schüchtern! Streng dich noch mehr an, du willst ja schließlich keinen Zahnstocher durchhacken, sondern einen dicken Baumstamm.
- Jetzt machst du die Hackbewegung und das Hackgeräusch noch drei Mal, mit voller Power und aus dem Bauch heraus!

Puh, war das anstrengend? Wie fühlst du dich jetzt? Wie fühlt sich dein Bauch an? Nimm dir einen Moment Zeit zum Nachspüren und um lang und tief zu atmen.

Katz und Kuh

Neben dem Wald ist eine große Wiese, und Amigo bleibt beim Spazierengehen gerne an der Kuhweide stehen und schaut den Kühen beim Fressen zu. Manchmal heben sie neugierig ihren Kopf und machen „Muh". Die Kühe bekommen an einigen Tagen Besuch von einer kleinen rot-weißen Katze, die um die Kühe herumläuft. Sie sind echte Freunde.

Spiel jetzt „Katz und Kuh"!

So geht es

- Position A)
  Komm in den Vierfüßlerstand und verwandle dich in eine Kuh.
  Setz dazu Hände und Knie auf dem Boden auf. Nun hebst du neugierig, aber nicht zu schnell den Kopf – und sagst „Muh!"
  Der Lendenwirbelsäulenbereich wird dabei leicht durchgebeugt.
- Position B)
  Die kleine rot-weiße Katze macht vor Freude einen Katzenbuckel.
  Bewege jetzt den Kopf zwischen den Armen nach unten.
  Fast automatisch rundet sich der Rücken. Versuch, den Rücken noch ein wenig mehr zu runden, forme einen Katzenbuckel – und sage „Miau!".
- Position A) + B) jetzt zusammen
  Bewege dich jetzt weich und fließend weiter: Katz und Kuh im Wechsel:
  Miau – Muh – Miau – Muh – Miau – Muh!
  Wenn du magst, darfst du auch die Tierlaute „Muh" und „Miau" dazu sprechen, mal laut oder leise – das ist ein wenig lustiger.

Verweil noch einen kurzen Moment im Vierfüßlerstand. Die Nase zeigt zum Boden, damit der Nacken gerade ist, und dann nimm ein paar lange, tiefe Atemzüge.

Eule

Der Holzhacker hat so laute Geräusche gemacht, dass einige Vögel aufgeregt umherflattern. Auch die kleine Eule hoch oben in der Fichte ist aus dem Schlaf aufgewacht. Neugierig, aber total müde blinzelt sie mit ihren Augen und schaut Amigo an. Er ist ganz irritiert, denn er erinnert sich, dass Sabina erzählte, dass Eulen nur in der Dämmerung wach werden und dann in der Dunkelheit umherfliegen und Nahrung suchen. Spiel jetzt eine Eule!

Achtung: Den Kopf nur so weit zur Seite drehen, wie es dir möglich ist und nur sehr vorsichtig heben. Bitte den Kopf niemals kreisen! Wenn sich irgendetwas wie blockiert anfühlt oder weh tut, führ die Bewegung noch sanfter aus oder beende die Übung (siehe auch S. 61)!

So geht es

- Setz dich in den Schneidersitz. Der Kopf ist aufgerichtet und kippt nicht nach vorne, der Rücken ist gerade. Stell dir vor, du bist jetzt eine Eule.
- Position A): Die noch ganz verschlafene Eule schaut zur linken Seite. Nun bewege wie die Eule deinen Kopf langsam und sanft (**!**) zur linken Seite.
- Position B): Nun schaut die müde Eule nach rechts. Du bewegst ebenso sanft und langsam (**!**) deinen Kopf zur rechten Seite.
- Position A) und B) bitte noch 2 Mal ganz langsam und sanft (**!**) wiederholen.
- Position C): Dann schaut die Eule in den Himmel und beobachtet einen Bussard, der dort oben große Kreise zieht. Heb nun deinen Kopf ganz langsam und schaue in den Himmel.
- Position D): Nun möchte die Eule wissen, was da im Laub raschelt, und schaut deshalb nach unten. Da ist wohl ein kleines Mäuschen.
- Position C und D) bitte noch 2 mal ganz langsam und sanft (**!**) wiederholen.

Die Eule hat nun alles beobachtet und sie ist so hundemüde, dass sie ganz schnell wieder ihre Augen schließt, um weiterzuschlafen. Schließ auch du jetzt deine Augen und zähle langsam bis 10, dann öffne sie wieder.

Straßenschild

Amigo schaut ganz verwundert, in welche Richtung das Straßenschild zeigt. Wo soll er jetzt hinlaufen?

Achtung: Wenn du zu wackelig bist, such dir einen Punkt, den du mit deinem Blick fixierst. Ist es immer noch zu schwierig, lehn dich erst einmal an der Wand an (siehe auch S. 51)!

So geht es

- Stell dich aufrecht hin. Balanciere dich gut aus und stehe auf einem Bein. Beug dann das andere Bein nach hinten, den Fuß greifst du mit der seitengleichen Hand.
- Der freie Arm wird nach vorne ausgestreckt und zeigt die Richtung an. Bleib ein paar Sekunden in dieser Stellung.
- Dann wechselst du Arm und Bein, nun wird die andere Seite gedehnt. Bleib wieder ein paar Sekunden in dieser Stellung.

Anschließend Arme und Beine einmal kräftig ausschütteln.

Schmetterling

Auf der Kuhwiese sind viele blühende Kräuter und viele bunte Schmetterlinge. Amigo hat große Freude daran, die Schmetterlinge, die voller Leichtigkeit umherflattern, zu beobachten. Manchmal stellt er sich vor, er wäre ein kleiner „Schmetterlingshund". Verwandle du dich jetzt in Gedanken in ein „Schmetterlingskind"!

Achtung: Die Muskulatur immer erst lockern und erwärmen und nur soweit dehnen, wie es angenehm ist. Jedes Kind ist unterschiedlich beweglich - bitte vergleicht euch nicht miteinander (siehe auch S. 65)!

So geht es

- Position A): Der Schmetterling fliegt.
  Setz dich hin und leg die Fußsohlen aneinander. Zieh die Füße dann so weit zum Körper heran, wie es dir möglich ist. Greif mit deinen Händen die Zehen. Lass dann deine Knie locker auseinanderfallen – so weit, wie es sich noch gut anfühlt.
- Stell dir nun vor, du bist ein wunderschönes „Schmetterlingskind", also ein Kind, das sich in einen Schmetterling verwandelt hat.
  Stell dir diesen Schmetterling in deinen Lieblingsfarben vor.
- Beginn ganz leicht mit deinen Knien zu federn, wie ein flatternder Schmetterling, der durch die Lüfte schwebt und dabei leicht und sorgenfrei wirkt. Fühl dich dabei ganz leicht und schwerelos – fühl dich sorgenfrei!
- Position B): Der Schmetterling schlürft Nektar.
  Durch das Umherflattern ist der Schmetterling ganz durstig geworden. Er landet auf einer wunderschönen Blüte, um den Nektar herauszuschlürfen. Der Schmetterling hat eine lange Zunge – auch Rüssel genannt, die er abrollen kann, um den Nektar aufzusaugen.
- Die Hände bleiben auf den Zehen, beug dich nun mit dem Oberkörper langsam nach vorne in Richtung Füße und stell dir vor, du würdest jetzt aus der Blüte schlürfen. Du darfst dabei auch Schlürfgeräusche machen.

- Position C)
  Richte dich wieder auf und beug dich noch zwei oder drei Mal langsam nach vorne, um den Nektar zu schlürfen. Richte dich zwischendurch immer wieder kurz auf, um dann weiterzuschlürfen.
- Zum Abschluss streckst du ganz langsam die Beine, schüttelst sie kräftig aus und lockerst kreisend die Füße.

Wie fühlst du dich jetzt? Nimm dir einen Moment zum Nachspüren.

Pinkelnder Amigo

Wenn Amigo viel herumgetobt ist, hat er großen Durst. Und kurze Zeit später muss er dann auch schon Pipi machen; dazu sucht er sich meistens einen Baum und hebt dann ein Hinterbein.

Jetzt darfst du Amigo nachahmen.

Achtung: Die Muskulatur immer erst lockern und erwärmen und stets langsam dehnen. Bei Rückenproblemen bitte vorsichtig sein (siehe auch S. 71)!

So geht es

- Komm auf alle Viere und spiele jetzt einen Hund.
  Du darfst hecheln oder auch vor Freude bellen.
- Nun stell dir vor, du bist ein Hundemann, der Pipi machen muss.
  Dazu hebst du ein Bein, winkelst das Knie an und stellst dir vor, der Hund pinkelt jetzt an einen Baum.
- Dreh dich herum und heb das andere Bein und: „Psch-sch-sch…".
  Stell dir vor, der Hund muss noch mehr pinkeln: „Psch-sch-sch-sch…"
- Wiederhol zwei bis drei Mal die Dehnung auf jeder Seite
  (also so, als wolltest du noch nach links und nach rechts pinkeln).

Streck dann noch einmal deinen Rücken, es geht gleich weiter.

Happy Amigo

Wenn Amigo im Gras liegt und sich so richtig wohl fühlt, wird er manchmal albern. Dann dreht er sich auf den Rücken, streckt die Beine in die Luft und zappelt herum. Das macht ihm großen Spaß.

Spiel jetzt auch „Happy Amigo"!

So geht es

- Leg dich auf den Rücken und streck deine Arme und Beine zur Decke.
- Beginn nun voller Freude mit deinen erhobenen Armen und Beinen herumzuzappeln.
- Dann ziehst du die Knie leicht an und öffnest sie, greifst zwischen den Beinen durch und legst die Hände auf die Fußsohlen.
- Aus der Position B (jeweils eine Hand liegt auf der Fußsohle – rechte Hand auf rechter Fußsohle, linke Hand auf linker Fußsohle) beginnst du dich nun hin- und herzuschaukeln. Roll dich sanft von links nach rechts.
- Dann löst du die Hände von den Fußsohlen, streckst Arme und Beine in die Luft und zappelst einmal wie der „Happy Amigo" – mit viel Leichtigkeit, Begeisterung und Spaß. Du darfst dabei auch gerne lachen oder laut bellen.

Nun ist es Zeit, den Ausflug zu beenden, da Amigo sich jetzt zum Ausruhen in sein Körbchen legen möchte …

Für eine kurze Entspannungszeit legst du dich einen Moment hin und stellst dir in Gedanken einen wunderschönen Schmetterling vor, der einfach so umherflattert.

Wenn du Lust hast, darfst du nach deiner Entspannungszeit ein Bild von einem wunderschönen Schmetterling oder von deinem Lieblingsbaum malen.

Tipp

Nach jeder Kinderyogaübungseinheit ist eine anschließende Entspannungszeit sehr wichtig. Ab Seite 110 findest du eine Entspannungsgeschichte zum Vorlesen oder Selberlesen.

Eine eigene Yogageschichte!

Amigo hat dir nun zwei Yogageschichten mit seinen Lieblingsübungen vorgestellt. Du darfst dir natürlich auch eine ganz eigene Geschichte mit den hier vorgestellten Yogaübungen ausdenken.

Wenn Du dir eine eigene Geschichte aus den Amigo-Lieblingsübungen ausdenken möchtest, beginne möglichst immer mit „Amigo-Hunde-Tanz" und „Flügelschlagen", um die Muskulatur aufzuwärmen.

Die Entspannungsgeschichte

Eine Entspannungsgeschichte oder Fantasiereise hilft dir, wieder zur Ruhe zu kommen. Sie bringt dich in einen entspannten Wohlfühlzustand, und dadurch kannst du dich ganz nebenbei mit neuer Energie aufladen.

Achtung

Lies dir bitte zuerst „Vorbereitung", „So geht es", „Körperentspannung" und die Geschichte „Das wundervolle Spiegelbild" einmal komplett durch. Danach darfst du dir die Geschichte dann noch einmal in Gedanken vorstellen und dich dabei entspannen.

Amigos Tipp

Lass dir die Entspannungsgeschichte vorlesen. Dann kannst du in Ruhe zuhören und dich dabei richtig gut entspannen.

Zeichenerklärung zur Entspannungsgeschichte

Beim Vorlesen bitte beachten: „..." = eine kurze (Gedanken-)Pause
Kursiv = besondere Betonung

Vorbereitung

- Sorge dafür, dass du während der kleinen „Auszeit" nicht gestört wirst, damit du die Entspannungsgeschichte auch richtig gut genießen kannst.
- Suche dir ein kuscheliges Plätzchen, entweder gut zugedeckt auf einer Yogamatte, auf dem Sofa oder in deinem Bett.
- Zu Beginn der Entspannungsgeschichte spannst du alle Muskeln in deinem Körper kräftig an. Dann lässt du die Anspannung los und spürst, wie sich deine Muskulatur wieder locker und entspannt anfühlt.

- Eine gute Hilfe ist es, wenn du dir für die Übung ungekochte, also harte Spaghetti vorstellst, die die körperlich feste Anspannung symbolisieren sollen. Und für den Zustand der Entspannung denkst du an gekochte, also weiche Spaghetti:

  - Harte, ungekochte Spaghetti = körperliche Anspannung
  - Weiche, gekochte Spaghetti = körperliche Entspannung

So geht es

- Leg dich zuerst auf den Rücken.
- Spanne nun alle deine Muskeln kräftig an: die Beine, die Arme, den Rücken und auch den Bauch … Stell dir vor, alles ist so „hart" wie ungekochte Spaghetti.
- Dann lass die Muskulatur wieder locker – alles wird „weich", wie gekochte Spaghetti.
- Wiederhole die Anspannung und die Entspannung drei Mal.
- Leg dich dann ganz bequem für die Entspannungszeit hin, so wie du es magst. Du darfst auf dem Rücken, auf dem Bauch oder auf der Seite liegen. Du solltest dich jetzt einfach wohlfühlen …

Körperentspannung

(Der nachfolgende Text ist bewusst in einer „Erzählsprache" geschrieben.)

- Bewege nun deine Zehenspitzen und deine Füße noch einmal hin und her und lass deine Füße ganz entspannt liegen.
- Deine Füße sind heute schon viele Schritte mit dir gelaufen. Dank deinen Füßen, dass sie dich jeden Tag Schritt für Schritt durch das Leben tragen …
- In Gedanken wanderst du jetzt zu deinen Beinen und spürst, dass sie ganz entspannt daliegen und sich warm und leicht – federleicht – anfühlen.
- Spüre jetzt deinen Rücken und deinen Bauch – alles fühlt sich ganz wohlig warm, leicht und entspannt an.
- Dein Bauch bewegt sich durch das Ein- und Ausatmen wie von allein. …
- Atme ein und atme aus … Dein Atem strömt frei …

- Dein Atem wird tief und tiefer …
- Du fühlst dich ganz wohl – wohlig und entspannt …
- Deine Arme liegen seitlich neben dir oder sind an deinen Körper gekuschelt. Die Hände und die Finger ruhen … bitte nicht mit den Fingern schnipsen oder herumfummeln – lass sie einfach locker liegen.
- Arme und Hände fühlen sich ganz warm und leicht, federleicht an …
- Spüre, wie dein Kopf auf deiner Matte, Decke oder Kissen liegt …
- Dein Mund ist geschlossen oder leicht geöffnet – jetzt wird nicht gesprochen und es werden keine Geräusche gemacht – und deine Lippen fühlen sich ganz locker und weich an …
- Deine Zähne berühren einander nicht – entspanne deinen Unterkiefer und auch deine Zunge …
- Wenn du magst, darfst du jetzt auch deine Augen schließen und mit deinen „inneren Augen", den Augen der Fantasie, schauen.

Du fühlst dich jetzt ganz wohl, leicht und tief entspannt … Diese wohlige Entspannung spürst du in deinem ganzen Körper und in jeder Zelle …

„Das wundervolle Spiegelbild"

Der Hund Amigo, ein Podenco Ibicenco, wohnt in einem weißen Haus mit einem wunderschönen großen Garten. Der Garten ist liebevoll angelegt und überall sind kleine, bunte Farbtupfer zu sehen: Eine pinkfarbene Flamingofigur steht auf dem Rasen, farbige Kugeln – große und kleine – liegen in den Blumenbeeten. Bunte Wunschfähnchen hängen aufgereiht an Bäumen und wehen im Wind, und verschiedene Klangspiele und Schilder mit Botschaften hängen in den Bäumen.

Kleine Engel, Elfen, Drachen und ein großer Buddha stehen zwischen den Sträuchern und den vielen bunten Blumen in den Beeten.

Eine mintfarbene und eine blau angestrichene Bank laden zum Verweilen ein, um dem Gesang der vielen verschiedenen Vogelarten zu lauschen und die wunderschönen Schmetterlinge, Bienen und Hummeln beim Umherfliegen zu beobachten …

Es ist ein zauberhafter Ort zum Wohlfühlen, stell dir diesen besonderen Garten jetzt vor...

Neben den unterschiedlichen Baumarten wächst dort ein ganz besonderer Baum, es ist ein Mammutbaum. Er ist ziemlich groß und hat einen dicken Stamm, der rau und hart ausschaut. Aber seine Rinde ist ganz weich.

Neben dem Mammutbaum steht auf einer runden Granitplatte eine große Bergkristallspitze. Der Stein sieht etwas bräunlich aus. Seine Färbung ist besonders – ebenso wie der Stein auch etwas ganz Besonderes ist: Es ist ein kleiner Erdenhüter.

Neben dem Erdenhüter, am Fuße des Mammutbaumes, befindet sich an einer Baumwurzel ein kleines Loch. Es ist der Eingang zu einer Höhle, in welcher der kleine Zwerg Shanu lebt. Shanu ist ein ganz besonderer Zwerg, den meist nur besondere Menschenkinder und Tiere sehen können.

Er trägt knallbunte Kleidung, die Farben wechselt er nach Lust und Laune. Aber er hat immer eine blaue Mütze auf, und am Zipfel hängt ein kleines goldenes Glöckchen.

Als Amigo vor vielen Jahren in das schöne weiße Haus zu seiner neuen Familie eingezogen ist und das allererste Mal den Garten betreten hat, entdeckte er den kleinen Zwerg sofort.

Die beiden sind nun seit vielen Jahren allerbeste Freunde. Amigo und Shanu spielen oft miteinander und wenn Amigo etwas auf dem Herzen hat, bittet er den weisen Zwerg um Rat oder um eine Entscheidungshilfe.

Heute ist Amigo in Tobelaune und möchte etwas anstellen, weil ihm langweilig ist. Also besucht er den Zwerg Shanu. Er legt sich vor den Eingang der Höhle und fängt an zu winseln und zu fiepen. Es dauert keine drei Sekunden, da schaut Shanu aus seiner Höhle und lacht. Shanu lacht übrigens meistens, denn er findet, dass Lachen und Freude den Geist erhellen – und mehr Lebensfreude in den Alltag bringen. Er findet die Erwachsenen im Übrigen schrecklich ernst, sie lachen so selten.

„Hallo Amigo, was machen wir heute?", fragt der schelmisch grinsende kleine Zwerg.

„In meinen Pfoten kribbelt es, ich will rennen ...", erwidert Amigo.

Schwuppdiwupp, wortlos ist Shanu auf Amigos Rücken gehüpft. Er liebt es sehr, auf Amigos Rücken, nahe am Halsansatz des Hundes zu sitzen, denn es ist richtig gemütlich, und er kann sich gut an den längeren Haaren festhalten. Hier hat Amigo nämlich etwas längeres Fell, das sich flauschig weich anfühlt, ansonsten ist das Hundefell eher kurz.

Amigo rennt pfeilschnell durch den Garten und trägt den Zwerg auf seinem Rücken. Shanu kichert vor Freude. Die beiden haben riesengroßen Spaß!

„Amigo, lauf mal in Richtung Teich!", ruft Shanu laut.

Amigo rennt los und stoppt dann direkt vor einem Bambusbusch am Teich und schaut Shanu fragend an. Shanu grinst etwas verschmitzt, lässt sich langsam aus Amigos weichem Fell gleiten und landet sanft auf dem Rasen.

„Ich möchte dir etwas zeigen, ich habe mir gestern eine kleine Strandhütte gebaut", berichtet Shanu stolz. Er winkt Amigo zu – er soll ihm folgen.

Der Zwerg geht voraus und schiebt den Bambusbusch auseinander. Und plötzlich ist da eine kleine, bunte Zwergenhütte aus Holz zu sehen. Sie ist mintfarben und hat ein himmelblaues Dach. Die Eingangstür ist pink gestrichen und darüber ist eine goldene Sonne gemalt.

„Wow", kann Amigo nur sagen, weil er ganz verblüfft und voll begeistert ist.

Shanu öffnet einladend die Tür der Hütte und gewährt Amigo einen Einblick ins Innere. Natürlich kann Amigo – er ist ja viel größer als der kleine Zwerg – nicht in die Hütte hineingehen, sondern nur hineinschauen. Er legt sich direkt vor dem Eingang ganz flach auf den Boden, um sich in der Hütte alles anzuschauen.

Drinnen ist es wunderschön. Die Wände sind weiß, verziert mit vielen bunten Sternen – in hellen Farben: Gelb, Hellblau, Rosa, Orange, Grün, Lila, Mint, Pink …

Auf einem kleinen weißen Tisch stehen ein Einhorn, ein pinkfarbener Flamingo und ein gelbes Rennauto. Und dahinter steht noch etwas Großes: ein wunderschöner Spiegel mit einem breiten glänzenden Goldrand.

Shanu sieht Amigos fragende Blicke und erklärt ihm begeistert: „Ja, ich liebe Einhörner! Flamingos! Und Rennautos! Und ich liebe außerdem Spiegel!".

„Und wozu ist der Spiegel da?", möchte Amigo wissen.

„Schau mal hinein."

Amigo schaut in den Spiegel und ist sichtlich irritiert. Er sieht ja nur sich, denn eigentlich hatte er etwas anderes erwartet ...

Er dachte, es wäre ein Zauberspiegel.

„Schau noch einmal wirklich genau hin!", fordert Shanu Amigo jetzt auf.

Amigo entdeckt in dem Spiegel nur sein Gesicht mit der langen Hundenase und den großen Ohren, seine Augen, eine Mischung aus hellem Grün und Bernsteinfarben, und seinen speziellen braunen Fellfleck in der Mitte der Stirn, auf den er sehr stolz ist, denn es heißt, dies sei ein „heiliger" Podenco-Fleck, den nur wenige Podenco-Hunde tragen.

Sonst sieht er eigentlich nichts und schaut deshalb Shanu fragend an ...

„Lieber Amigo", erklärt Shanu geduldig ... „Schau doch noch einmal ganz genau hin!

Wann hast du dich jemals zuvor ganz bewusst in einem Spiegel angeschaut und dir Zeit genommen, deine wunderschönen Augen, deine Nase, deinen Mund, deine Ohren ... und einfach dein ganzes Gesicht genau anzuschauen?

Also, schau noch einmal ganz genau hin, denn:

„Was du in dem Spiegelbild siehst, das bist DU!
Einzigartig und wunderschön!"...

Amigo ist noch mehr irritiert und will gerade etwas erwidern ...

Aber der weise Shanu hat Amigos Gedanken erraten: „Nein, lieber Amigo – sag jetzt bitte nicht ‚Ja, aber ...'", denn du bist wirklich etwas Besonderes ...

Niemand kann so aussehen und so sein wie du. Du bist ein Geschenk der Engel. Kein anderer Hund hat einen so tollen Charakter und so liebenswerte Eigenschaften wie du.

Du bist du! Du bist ein tolles Lebewesen auf dieser Welt, einzigartig und wunderschön! ...

„Sei stolz auf deine besonderen Fähigkeiten und trage dein Strahlen ruhig in die Welt - zeige dich! Du bist einzigartig, besonders und genial."

Amigo kann gar nichts sagen, er ist völlig verblüfft. Bisher hat er immer nur an die Dinge gedacht, die er nicht so gut kann oder die er an sich blöd findet. Und auf einmal hat er durch den Blick in den Spiegel und die Aufforderung von Shanu, noch einmal ganz genau hinzuschauen, einen ganz anderen Amigo entdeckt.

Es ist für Amigo gerade ein ganz bewegender Moment und er ist ganz still und in sich gekehrt.

Shanu kann wieder Amigos Gedanken lesen: „Ja, lieber Amigo, die meisten Lebewesen legen ihren Fokus immer nur auf Dinge, die sie nicht haben, nicht können oder glauben, nicht zu sein.

Das gilt auch besonders für Menschenkinder. Jedes Kind auf dieser Welt ist etwas ganz Besonderes und übrigens auch einzigartig. Nur vergessen es die Kinder und auch die Erwachsenen, weil sie oftmals wollen, dass sich alle so verhalten und sich so geben, wie es die Allgemeinheit macht.

Das ständige Immer-Miteinander-Vergleichen ist total blöd. Außerdem ist es unsinnig, denn jedes Lebewesen fühlt anders und nimmt die Welt mit anderen Augen wahr!

Jedes Lebewesen hat einen anderen Charakter, Fähigkeiten und Begabungen. Darum zählt auch nicht: gut oder schlecht, wenig oder mehr, groß oder klein, dick oder dünn – sondern einfach nur die Einzigartigkeit!"

Amigo ist auf einmal sehr nachdenklich ... Er denkt über Shanus Worte nach und erkennt, wie recht er doch hat. Denn er hatte auch immer ein eher negatives Bild von sich und hat sich über seine Schwächen geärgert – er fühlte sich nie als ein toller Hund. Und er dachte immer, er müsse sich verändern, um wie die Anderen zu sein.

Doch durch die weisen Worte von Shanu hat er nun einen ganz neuen Gedankenimpuls und einen Blick für das Wesentliche bekommen.

Und nicht nur das, er fühlt sich auf einmal auch ganz anders. Ihm ist ums Herz ganz warm geworden. Er fühlt sich irgendwie beschwingt und fröhlich, so, als hätte er einen ganz neuen Amigo in sich entdeckt.

Shanu verlässt hüpfend und pfeifend seine Hütte und Amigo steht wieder auf und reckt und streckt sich. Sein Körper fühlt sich auf einmal ganz anders an, so leicht und frei ...

Amigo lächelt. Erst ganz zart und dann grinst er glücklich. Er lächelt Shanu an und drückt den kleinen Zwerg ganz fest an sein Herz.

„Autsch, nicht so feste, du großer Herzenshund!", wettert Shanu.

„Shanu, ich bin so glücklich. Du hast mir mit deinem Spiegel und deinen Worten ein riesengroßes Geschenk gemacht! Ich möchte ab heute jedem Kind auf der Welt erzählen, dass es einzigartig und besonders ist. Diese Botschaft muss wirklich jedes Kind erreichen!

Denn gerade die Kinder vergleichen einander sehr oft, denn sie wollen ihren Eltern gefallen und versuchen, immer ihr Bestes zu geben. Und das Schlimme ist, dass Erwachsene manchmal ganz komische Ansprüche an ihre Kinder haben. Sie vergessen dann, dass nicht alle Kinder gleich sind und dass jedes Kind ganz einzigartige Begabungen und Fähigkeiten hat. Aber:

„Jedes Kind ist gut so, wie es ist,
und eben genial und total normal."

Shanu schaut den großen Hund mit leuchtenden Augen an.
„Lieber Amigo, genau das war mein Anliegen, als ich mit dir zu meiner neuen Hütte gehen wollte und dir meinen Spiegel gezeigt habe. Du hast dich mit ganz anderen Augen und aus einem neuen Blickwinkel betrachtet und dich dabei auf einmal ganz anders und richtig gut gefühlt. Das war doch wie eine tolle Erleuchtung, oder?", grinst Shanu.

„Mach nun einen guten Job, werde Botschafter für die Kinder und erzähle ihnen, dass sie: EINZIGARTIG, WUNDERVOLL, BESONDERS UND GENIAL SIND, SO WIE SIE EBEN SIND!"

Shanu springt auf Amigos Rücken, und die zwei toben wieder los. Sie wirken sehr glücklich. Die Begeisterung und Lebensfreude steht ihnen förmlich ins Gesicht geschrieben. Amigo bringt Shanu zurück zu seiner Höhle und dann hüpft er freudig ins Haus, um sich in sein Hundekörbchen zu legen. Bevor er sich zum Schlafen hinlegt, möchte er DIR noch etwas mitteilen:

„Du liebes Menschenkind ...

...du hast jetzt unsere Geschichte und die Botschaft von Shanu gehört. Und ich möchte dich einladen, dich auch einmal ganz genau im Spiegelbild anzuschauen. Schau in deinen Gedanken jetzt in dein Spiegelbild, was entdeckst du?

Sieh dir deine wunderschönen Augen an ... deine Nase ... deine Wangen ... die Linien deines Mundes ...
Schau dir auch einmal ganz genau dein Haar an: Bewundere die Farbe und die Form ... Fühl dich ganz wohl dabei, fühl dich glücklich, denn auch du bist ein besonderes Menschenkind. Entdecke jetzt deine einzigartige, besondere Schönheit und sei stolz auf dich, ohne Wenn und Aber ...

Stell dir vor, dein Herz würde vor Glück strahlen ...
Du fühlst dich tief entspannt und ganz wohlig ... Am liebsten würdest du jetzt aus voller Lebensfreude und Begeisterung herumhüpfen und Luftsprünge machen ...

Spür jetzt noch einmal achtsam in deinen Körper hinein ... Wie fühlt sich dein Körper an? Spür dann noch einmal in deinen Kopf und in deine Gedanken ... Wie geht es dir? Denk noch einmal an meine Botschaft:

Du bist du! Niemand kann so sein wie du!

Du bist genial und klasse, so wie du bist – mit all deinen Fähigkeiten, Talenten und Begabungen. Aber auch deine Schwächen sind ein Teil von dir! Nimm sie liebevoll an, denn schließlich kann sich jede vermeintliche Schwäche zu einer besonderen Stärke entwickeln. So, du liebes Menschenkind, jetzt muss ich mich von dir verabschieden, aber denk daran und sag dir jeden Tag:

Ich bin wie ich bin – genial und total normal!

Amigo zwinkert dir noch einmal zu, und dann legt er sich schlafen. Und auch du darfst jetzt noch einen Moment die Entspannungszeit genießen und noch einmal die innere Ruhe in dir spüren ...

Nach der Geschichte

Liebe Eltern, falls Sie die Geschichte vorgelesen haben und ihr Kind gedanklich der Fantasiereise gefolgt und noch ganz in sich gekehrt ist, beenden Sie die Reise bitte langsam und ruhig mit den folgenden Worten:

- Verabschiede dich in Gedanken von Shanu, dem kleinen Zwerg, und auch von dem wunderschönen Podenco Ibicenco Amigo.
- Löse dich auch von all den anderen inneren Bildern und Eindrücken und komm mit deiner Aufmerksamkeit wieder zurück … hierher in dein Zimmer
- Öffne langsam deine Augen und schau erst einmal an die Zimmerdecke... ...und beginn dich zu recken und zu strecken.
- Reibe dann die Hände und die Füße aneinander (damit nach der Entspannungseinheit der Kreislauf wieder in Schwung kommt)...
- Komm hoch zum Sitzen …. und zurück in deinen Alltag.

Meditationen für kleine Yogis

Ich finde übrigens Entspannung und auch Meditationen super. Und wir Hunde sind sowieso Meister der Entspannung. Hunde lieben es, einfach so dazuliegen, nichts zu denken, und so vor sich hin zu dösen und zu meditieren – das ist Entspannung pur! Dann bin ich total im „Chill-Modus".

Wer das Wort „Meditation" hört, denkt meist an einen Yogi, der im Schneidersitz auf einem fliegenden Teppich sitzt und dabei „OM" singt. Das ist aber totaler Quatsch. Es gibt Meditationen, in denen man ganz ruhig dasitzt, aber es gibt auch Mantra-Meditationen, dabei werden besondere Worte oder Silben melodiös gesprochen. Die Yogis nennen es „chanten" (das wird so gesprochen: schanten). Und dann gibt es noch Meditationen, in denen Bewegungen (meist mit den Händen und Fingern) mit Worten kombiniert werden. Diese sind besonders toll für Kinder.

Jetzt fragst du dich bestimmt, was ist genau eine Meditation und wofür soll das gut sein, oder?

Ich möchte es dir erklären

Also, bei den Yogaübungen für Kinder hast du dich bewegt und deine Muskeln gedehnt und gestreckt. **Du warst körperlich aktiv**.

Bei der Meditation wird der Geist – das Gedankenkarussell – gestoppt, alles kommt zur Ruhe. **Es geht also um deine Gedanken**.

Ein Beispiel, damit du es besser verstehst

Was machst du, wenn der Papierkorb in deinem Zimmer total voll ist? Na klar, ausleeren! Der Müll wird in die Altpapiertonne gebracht und dein Papierkorb ist wieder leer. So ähnlich wirkt auch eine Meditation: Wenn dein Kopf voller Gedanken ist, wird das „Gedankenkarussell" zur Ruhe gebracht, dein Geist wird „aufgeräumt" und die Gedankenfülle geleert.

Wenn du nun eine Meditation in Stille oder mit Worten und Bewegung machst, legst du deine Konzentration automatisch auf die Worte und auf die Bewegung und dadurch kommt dein Gedanken-Wirrwarr wieder zur Ruhe. Die Meditationsworte heißen in der Mehrzahl übrigens „Mantren", in der Einzahl „Mantra".

Nun möchte ich dir eine tolle Meditation vorstellen, die von einem indischen Yogi-Meister stammt, der Yogi Bhajan heißt. Yogi Bhajan war ein erleuchteter Yogi, und er hat den Erwachsenen und Kindern viele tolle Meditationen geschenkt.

Die Meditation heißt „**SA TA NA MA**", es sind indische Worte. Die kurzen Silben beschreiben den Jahreslauf, denn alles ist im Leben und in der Natur miteinander verbunden. Ohne den Frühling mit seiner Blütenpracht, wenn neues Leben erwacht, gibt es keinen Sommer. Im Sommer blühen viele Blumen, und alles ist grün. Im Herbst welken die Blumen, und die Bäume lassen die Blätter abfallen, und dann folgt der Winter, in dem alles schläft.

Bedeutung

SA – steht für den Frühling (Geburt – alles erblüht).

TA – steht für den Sommer (Leben – alles steht in Blüte).

NA – steht für den Herbst (Tod – Laub fällt von den Bäumen).

MA – steht für den Winter (Wiedergeburt, Stillstand – das Neue wartet auf den Frühling).

So geht es

Sitze bequem im Schneidersitz und bewege synchron die Finger beider Hände in folgender Reihenfolge und sprich die dazu entsprechenden Worte (Du kannst die indischen Silben ganz unterschiedlich sprechen: normal – etwas lauter – flüsternd):

- 1) **SA**: Daumen und Zeigefinger berühren sich.
- 2) **TA**: Daumen und Mittelfinger berühren sich.
- 3) **NA**: Daumen und Ringfinger berühren sich.
- 4) **MA**: Daumen und kleiner Finger berühren sich.
- Dann beginnst du wieder von vorne.

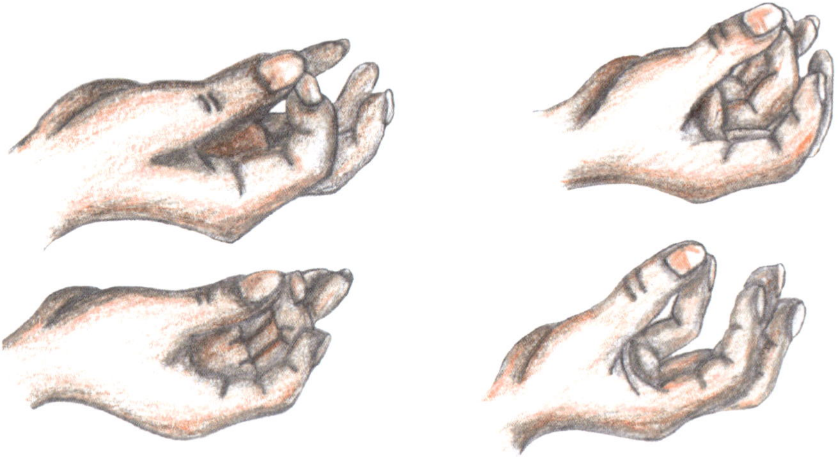

Wirkung

SA TA NA MA ist eine Meditation, die dir hilft, deine Gedanken zur Ruhe zu bringen und dir geistige Klarheit schenkt. Die Meditation fordert deine volle Konzentration, sodass sich die Finger beider Hände zu den Silben bewegen. Du lernst mit dieser Übung, dich besser zu konzentrieren.

Amigos Wohlfühl-Tipps

Amigo möchte dir jetzt noch ein paar weitere Wohlfühltipps vorstellen, die du jederzeit und überall anwenden kannst, egal wo du bist. Die Glückspunkte hat dir Amigo auch schon in dem Buch „Ich bin wie ich bin – genial und total normal" vorgestellt. Aber er findet diesen Tipp so wichtig, dass er hier noch einmal beschrieben wird.

Glückspunkte reiben

Amigo liebt das sanfte Streichen auf den Zonen der sogenannten Glückspunkte sehr. Er kann sich sofort entspannen und die komischen Gefühle durch zu viel Stress können sich schnell auflösen.

So geht es

1.) Die „Glückspunkte" sind wichtige Punkte zur Stressreduktion und Entspannung. Sie liegen am Kopf bzw. an der Stirn.

2.) Lege Daumen und Zeigefinger in der Mitte der Augenbrauen auf und gleite dann sanft die Stirn hoch, bis du leichte Höcker auf deiner Stirn erfühlen kannst. (Hinweis: Die Stirnbeinhöcker liegen niemals am Haaransatz, dann ist man zu weit oben.)

3.) Mit Daumen und Zeigefinger diese Zonen einen Moment lang leicht kreisend massieren und/oder mit leichtem Druck halten.

Hier liegen eure Glückspunkte

Wirkung

Die leichte Berührung und sanfte Massage dieser Glückspunkte/Wohlfühlpunkte wirkt schnell entspannend und kann Erregung/Aufregung auflösen und dadurch Stress und Ängste minimieren.

Info für die Eltern

Am Kopfbereich befinden sich viele Nervenenden, Akupunkturpunkte und Reflexzonen. Zwei spezielle Reflexzonen sind besondere Stressreduktionspunkte, die sogenannten „Glückspunkte".

Diese neurovaskulären Reflexpunkte am Kopf sorgen als emotionale Stressreduktion rasch für Entspannung und können jederzeit und überall stimuliert bzw. massiert werden, um so in stressigen Situationen und bei Ängsten schnell Entspannung zu finden.

Bewegte Ohren

Ebenso wie die Glückspunkte liebt Amigo die Ohrenmassage, er kann sich sofort tief entspannen und fühlt sich pudelwohl. Er kann sich leider nicht selber die Ohren massieren, aber du kannst es.

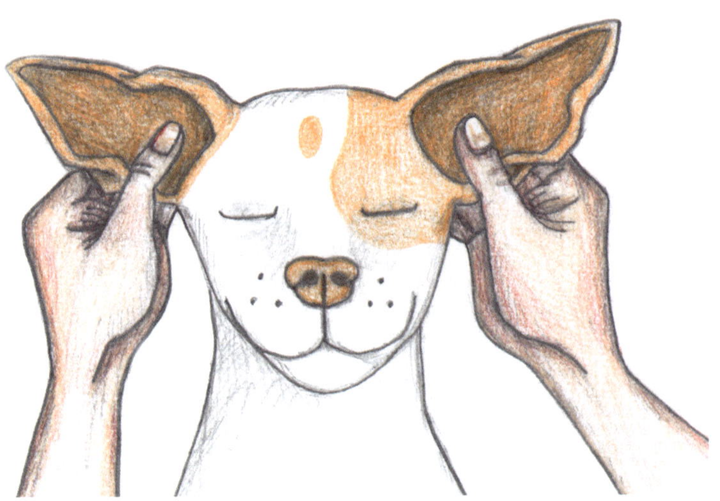

So geht es

Lege jede Hand an ein Ohr und berühre deine Ohren mit Zeigefinger und Daumen. Bewege die Finger ganz sanft, so, als würdest du den äußeren Ohrenrand ausrollen oder ausfalten wollen.

- Beginne oben am Ohr und streiche langsam hinunter zum Ohrläppchen (siehe Skizze).
- Und dann darfst du sanft wieder hochstreichen – Wiederhole die Ohrrandmassage ein paarmal.

Wirkung

Die Ohrmassage „Bewegte Ohren" wirkt sehr wohltuend und entspannend. Das liegt daran, dass im gesamten Ohrbereich viele besondere Punkte liegen, die Akupunkturpunkte genannt werden. Werden diese stimuliert, haben sie eine positive Wirkung auf den Körper und auf die Organe. Durch die Ohrmassage stellt sich schnell ein Wohlgefühl im Körper ein, man fühlt sich entspannter und nicht mehr so gestresst. Und gleichzeitig soll das Hörverständnis aktiviert werden, das bedeutet, dass man besser zuhören kann, und das Gehörte vom Gehirn besser aufgenommen werden soll, das heißt, dass du dich also auch besser konzentrieren kannst.

Auf jeden Fall tut die Ohrenmassage gut, und am Abend angewendet, kann man besser einschlafen – so Amigos Erfahrung und die Rückmeldung der Yogakinder.

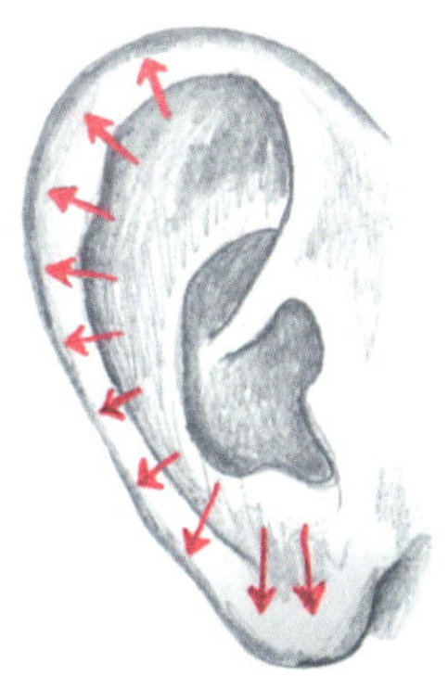

Hundemüde (Gähnen)

Amigo gähnt sehr häufig. Manchmal gähnt er, weil er sich hundemüde fühlt, aber manchmal gähnt er auch, weil er gestresst ist. Und es gibt Momente, da gähnt er einfach nur so, um sich zu entspannen.

So geht es

- Gähne jetzt einfach einmal. Wenn man erst mal zwei bis drei Mal gegähnt hat, muss man schon von ganz allein noch einmal gähnen.
- Also gähne ein paarmal ganz genüsslich.

Wirkung

Wenn man sich gestresst fühlt, dann tut gähnen einfach gut. Gähnen wirkt entspannend, und gleichzeitig nimmt man einen tiefen Atemzug. Wer gähnt, bewegt die Kiefer- und Kaumuskulatur, und das wirkt entspannend und erholsam auf diese Muskelbereiche. Bei Stress beißt man übrigens manchmal die Zähne zusammen und dann sind Kiefer- und Kaumuskulatur extrem unter Anspannung. Darum ist es wichtig, diese Bereiche immer wieder zu entspannen, und das ist ganz einfach: einfach gähnen!

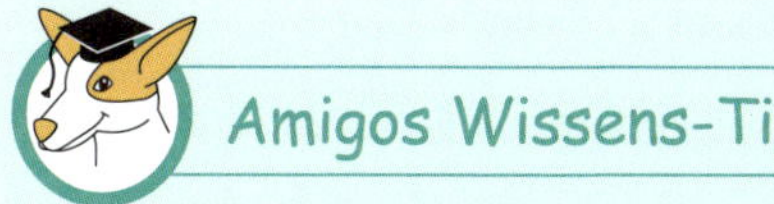

Gähnen ist ansteckend!

Wenn du jemanden gähnen siehst, dann musst du bestimmt meistens mitgähnen. Die Wissenschaftler sagen, dass die sogenannten Spiegelneuronen dafür sorgen, dass man mitgähnen muss. Spiegelneuronen sind Nervenzellen in unserem Gehirn, die, wie der Name schon sagt, wie ein Spiegel wirken. Wenn wir etwas beobachten, z. B. es gähnt jemand, dann muss man plötzlich die gleiche Handlung ausführen. Oder man wird auf einmal traurig, weil das Gegenüber auch traurig ist oder einen traurigen Film schaut. Dafür sind die Spiegelneuronen verantwortlich. Besonders feinfühlige, hochsensible Kinder und Erwachsene sind für dieses Phänomen noch empfänglicher.

Zur Ruhe kommen

Viel Spaß beim Ausmalen!

Mi Amigo – mein Amigo!

Tschüss, Stressmonster!

Drei Dinge die mir helfen, relaxed zu bleiben!

Ommmmmm....

Sabinas Gruß an die Erwachsenen

Meine persönliche Bitte an die Eltern, Großeltern, Freunde, Erzieher und Erzieherinnen, Lehrer und Lehrerinnen und alle, die mit Kindern arbeiten:

Dieses Buch spricht alle Kinder an, aber insbesondere liegen mir die sensiblen, feinfühligen und hochsensiblen Kinder am Herzen. Sie haben es besonders schwer, in dieser leistungsorientierten „Ellenbogengesellschaft" zurechtzukommen. Versuchen Sie bitte, die feinfühligen und hochsensiblen Kinder zu verstehen und anzunehmen, wie sie sind – mit allen positiven und negativen Facetten. Die Kinder haben es durch den Mainstream und das Schubladendenken „Alle sollen gleich gestrickt sein" sowieso schon schwer genug.

Besonders Eltern hochsensibler Kinder haben es auch nicht immer leicht. Über ihre Sinne – Sehen, Riechen, Hören, Schmecken, Fühlen, Spüren und Empfinden – nehmen diese Kinder ständig eine Fülle von Informationen auf, und all diese Reize müssen auf allen Ebenen verarbeitet werden. Es ist sehr wichtig, Kinder mit dieser erhöhten Sensibilität zu stärken und ihnen das Gefühl zu geben, dass alles so richtig ist, wie es eben ist. Dabei sollte man ihnen jederzeit zur Seite stehen mit der verbindlichen Basis der bedingungslosen Liebe und zugleich dafür Sorge tragen, dass die Kinder, die von so vielen Reizen in dieser schnelllebigen Zeit überflutet werden, immer wieder Zeit für Ruhe und Entspannung finden, damit sie ihre innere Balance nicht verlieren und nicht in eine emotionale Schieflage geraten. Aus diesem Grund und weil ich aus eigener Erfahrung weiß, wie wichtig es im Leben sensibler Menschen ist, für körperliche und seelische Entspannung zu sorgen, liegt mir das Thema „Kinderyoga und Stressreduktion" sehr am Herzen, weil körperliche Anspannung durch Bewegung und Kinderyoga abgebaut werden kann.

Mit Kindern Yoga zu machen, ist zum einen eine tolle Erfahrung, und zum anderen werden sich die Kinder immer an diese besonderen Momente erinnern. Was gibt es Schöneres, als gemeinsam aktive Zeit miteinander zu verbringen und sich gleichzeitig zu entspannen? Wenn Eltern mit den Kinder Zeit für Bewegung und Entspannung finden, kann zugleich auch das Zusammenleben innerhalb der Familie harmonischer werden.

Auch die Einzigartigkeit der hochsensiblen Kinder liegt mir sehr am Herzen. Feinfühlig oder hochsensibel/hochsensitiv zu sein, ist kein Makel, sondern eine wundervolle Begabung. Die Welt braucht begabte, kreative und empathische Kinder! Dennoch musste ich in den letzten Jahren beobachten, dass hochsensible Kinder unter ihrer Begabung und ihrem Charakter oftmals sehr leiden, weil sie nicht so sein dürfen, wie sie sind. Aus diesem Grund habe ich das Buch „Ich bin wie ich bin – genial und total normal" für die kleinen und großen Feinfühler geschrieben.

Die hochsensiblen, kreativen Kinder sind wie bunte Farbtupfer in der grauen Gesellschaft. Unwissenheit seitens der Eltern oder Pädagogen und gesellschaftliche Zwänge drucken ihnen oft einen Lebensstil auf, der sie in eine „Normschublade" zwängen soll. Es ist ein großes Problem, denn diese Kinder passen da nicht hinein. Werden hochsensible Kinder durch einen entsprechenden Erziehungsstil in eine Norm gezwängt, können psychosomatische Auffälligkeiten und gesundheitliche Probleme auftreten.

Je stärker Hochsensibilität in der Gesellschaft akzeptiert wird, desto leichter können sich Kinder mit dieser Eigenschaft in ihren Potenzialen entfalten. Und zusammen sind alle Kinder wie ein bunter Blumenstrauß: Einzigartig und gemeinsam strahlen sie mit ihren Besonderheiten in die Welt. Wird ein Kind mit seiner hochsensiblen Persönlichkeit wertgeschätzt, kann es sich gut entwickeln. Die Kinder brauchen das Gefühl der Liebe, der Verlässlichkeit, des Vertrauens und der Annahme, so wie sie sind: mit all ihren Gefühlen und ihrem Feingefühl, damit sie sich geborgen und geliebt fühlen, um sich in ihrem Potenzial frei entfalten zu können. So wie ein Baum, der als zartes Pflänzchen seine Wurzeln bildet und gut verwurzelt wachsen kann, um später sicher im Leben zu stehen.

Mein Tipp für die Eltern: Denken Sie daran: „Nobody is perfect". Ich bin es nicht, und auch Sie werden nicht tagtäglich eine Engelsgeduld für Ihr sensibles Kind aufbringen können. Das Allerwichtigste für die Erziehung ist eine sichere Basis für das feinfühlige Kind. Eine Basis, die das Gefühl der Geborgenheit und bedingungsloser Liebe vermittelt. Viel Verständnis und Geduld sind ebenfalls sehr wichtig. Dazu eine Prise Humor und einige Entspannungseinheiten und Sie werden die Turbulenzen des Alltags gut überstehen.

Danke!

Yoga ist ein wichtiger Teil meines Lebens geworden. Aus diesem Grund möchte ich allen danken, die mich auf meinem yogischen Weg begleitet haben. Insbesondere möchte ich meiner Kinderyogalehrerin, Shiva Kaur, aus tiefstem Herzen danken – und dieser Dank kommt bestimmt oben im Himmel bei ihr an.

Der Yogameister Yogi Bhajan hat die Tradition des Kundalini-Yoga in den Westen gebracht. Ich durfte ihn ein paarmal live erleben, persönlich kennenlernen und seine Aura spüren. Er hatte ein großes Herz, auch für die Kinder.

Ich möchte besonders Frank danken. Er ist nicht nur mein Partner, Wegbegleiter und Seelentröster, sondern auch meistens Erstleser meiner Texte. Natürlich danke ich ihm auch für seine Geduld, denn als Ehemann mit einer hochsensiblen Partnerin zusammenzuleben, ist nicht immer einfach.

Von Herzen danke ich meinem Sohn Ricardo, der während seiner kindlichen Entwicklungsphase mein allergrößter Lehrmeister war. Und natürlich danke ich all den wundervollen Kindern aus meinen unzähligen Kinderyogakursen. Sie haben mir immer wieder neue Impulse geschenkt und auf ihre Art und Weise meine Arbeit reflektiert. Durch sie durfte ich lernen und auch wachsen.

Mein geliebter Hund Amigo war ebenfalls ein wichtiger Lehrmeister in meinem Leben. Er hat einen festen Platz in meinem Herzen.

Ein großes Lob und Dankeschön geht an meine Verleger Thomas Wendt und Markus Bertolero, die von Anfang an von meinen Ideen begeistert waren, für ihre wertschätzende Teamarbeit.

Ohne Carla hätten Amigos Yogaübungen niemals lebendig wirken können. Ich danke ihr von Herzen für die wundervollen Illustrationen und schätze ihre Begabung sehr. Sie hat Amigo auf dem Papier Herz und Seele verliehen. Carla, deine Arbeit ist einfach cool!

Von Herzen und voller Wertschätzung möchte ich Frau Prof. Dr. Margrit Schreier für ihre Arbeit als Wissenschaftlerin danken. Mit ihrer inspirierenden Art und Weise leistet sie eine wichtige Aufklärungsarbeit zum Thema Hochsensibilität und sie versteht es, Wissenschaft und ganzheitliches Wissen zu vereinen. Ihr Vorwort hat mich tief sehr berührt.

Lieben Dank an Bettina Gerstbauer (Susawindkind), sie hat mir die wundervolle Yogi-Amigo-Figur genäht - so habe ich habe immer einen Begleiter an meiner Seite.

Und dann möchte ich noch meinem „Computer-Engel" Stephan Phieler danken, der mir jederzeit zur Seite steht, wenn ich technischen Support benötige.

Danke! Ein herzlicher und glücklicher Dank geht an die Leser dieses Buches, und vor allen Dingen an die Erwachsenen, die dieses Buch gekauft haben.

Entdecken Sie gemeinsam mit Ihren Kindern den kleinen Yogi in sich, denn: entspannt lebt und lernt es sich leichter.

Herzlichst,

Sabina

Über die Autorin

Sabina Pilguj hat als Autorin schon mehrere Bücher für Kinder und Erwachsene veröffentlicht. Vor einigen Jahren ist sie aus einem gut dotierten Beruf ausgestiegen, um ihrer Berufung zu folgen. Sie ist Yogalehrerin (mehrjährige Kundalini-Yoga-Ausbildung Stufe I und Stufe II) mit Zusatzausbildung für Kinderyoga, Heilpraktikerin für Psychotherapie und ebenso ausgebildet in „Klinisch Orientierter Psychomotorik".

Kinderyoga ist einer ihrer beruflichen Schwerpunkte. Auf dem ersten deutschen Kinderyogakongress wurde sie im Jahr 2005 als eine Pionierin des Kinderyoga in Deutschland vorgestellt. Als Expertin für Kinderyoga und Stressreduktion hält sie Vorträge auf Kongressen, in Schulen und Kindergärten. Sie leitet seit vielen Jahren erfolgreich Fortbildungen und Seminare. Am Institut für Lehrerbildung in Hamburg unterrichtet sie seit 2004 Workshops zum Thema „Entspannt lebt und lernt es sich leichter". Ihr ist es ein großes Herzensanliegen, Verständnis für die Bedürfnisse der Kinder zu wecken und Kinderyoga, Stressreduktion, Achtsamkeitstraining und Entspannung in die Welt der Kinder zu tragen, um sie so zu stärken und zu begleiten – denn unsere Kinder sind unsere Zukunft!

Sabina Pilguj ist von Geburt an hochsensibel und weiß um all die Schwierigkeiten, Herausforderungen, Missverständnisse und Stressanfälligkeit, die eine Feinfühligkeit und Hochsensibilität mit sich bringen kann. In ihrer langjährigen Kinderyogapraxis waren einige hochsensible Kinder dabei, die es in ihrem Alltag und in Kindergarten oder Schule nicht immer einfach hatten. Dies war auch die Motivation, warum sie das Buch „Ich bin wie ich bin – genial und total normal" geschrieben hat.

Ihr erstes Buch „Yoga mit Kindern" hat sich seit 2002 zu einem Standardwerk in der Kinderyogaszene entwickelt. 2017 erschien eine überarbeitete Neuauflage. Sie bietet Fortbildungen zum Thema „Hochsensible Kinder mit Kinderyoga stärken" an.

Haben Sie Anregungen zu diesem Buch oder möchten Ihre Erfahrungen teilen? Dann schreiben Sie gerne, Sabina Pilguj freut sich.

Weitere Infos und Kontakt: www.ibi-za.de

Ich bin wie ich bin - genial und total relaxed.

Let's go!